NOUVELLE MÉTHODE
POUR APPRENDRE
LE PLAIN-CHANT,

Imprimée par ordre de son Eminence Monseigneur le Cardinal DE LA ROCHEFOUCAULT, Archevêque de Rouen, spécialement à l'usage de son Diocese,

Par M. POISSON, *Curé de Bocherville, ancien Curé de Bardouville.*

A ROUEN,

Chez LABBEY, Libraire, rue Martainville, vis-à-vis celle des Filles-Notre-Dame.

___

M. DCC. LXXXIX.

Avec Approbation & Privilége du Roi.

AVERTISSEMENT.

L'Histoire du Chant, tirée tant de l'ancien que du nouveau Testament, & de l'Histoire de l'Eglise, auroit pu seule remplir ce Volume ; mais ne m'étant proposé que l'instruction & l'émulation des jeunes Eleves qui se destinent à l'Etat Ecclésiastique, je me suis borné aux preuves que j'ai données, parce qu'elles m'ont paru suffisantes. Sans une plus longue, ni plus particuliere étude, ils sauront que nos premiers Peres ont aimé le Chant ; qu'il a toujours été admis dans ce qui regardoit le culte extérieur, & que, pendant un grand nombre de siecles, des personnes de la plus haute qualité & du plus rare mérite, ont regardé la science du Chant comme très-noble & très-digne de l'homme. C'est elle, en effet, qui nous rassemble aux pieds des Autels *du Dieu vivant*, & qui nous éleve jusqu'au trône de sa gloire, par les sentiments d'amour & de piété qu'elle excite dans nos ames ; c'est elle qui nous fait rendre dignement *au Très-Haut*, l'honneur, la louange & la gloire qui lui sont dus, & qui, faisant partie du Culte

AVERTISSEMENT.

divin, en augmente la majesté, & le rend d'autant plus digne de notre vénération & de nos hommages. En un mot, l'Eglise dans ses Assemblées, comme on le verra dans le cours de cet Ouvrage, s'est toujours particuliérement intéressée à la science du Chant, & l'a toujours recommandée comme un des principaux devoirs du saint Ministere.

Depuis l'impression du nouveau Chant de ce Diocese, on n'avoit point, à la vérité, trouvé de Méthode qui l'enseignât parfaitement. La seule qu'on y lit est encore, en grande partie, celle de l'ancien Chant dont les principes ne s'accordent point, *pour la valeur des notes*, avec ceux du nouveau. C'est pourquoi très-grand nombre d'Ecclésiastiques ne savent aujourd'hui chanter que par routine, & n'en peuvent savoir davantage.

Je me suis donc appliqué à donner ici les principes sur lesquels est établi le nouveau Chant de Rouen. J'ai tâché de les expliquer, & même de les démontrer. On peut, à leur aide, chanter parfaitement toutes sortes de pieces, soit *Introïts, Graduels, Antiennes & Répons*; soit *Hymnes & Proses*, de quelque mètre qu'ils soient.

J'ai donné aussi des leçons sur les sept notes *ut, re, mi, fa, sol, la, si*, & j'ai

AVERTISSEMENT. v

fait voir par-là, que chacune de ces sept notes a sa gamme ou octave particuliere; que chaque octave a ses notes essentielles, comme sa médiante & sa dominante, sur lesquelles le Chant doit quelquefois reposer pour en faire sentir, & le mode & l'harmonie; & que les huit tons employés dans la célébration de l'Office divin, ne sont composés que de modulations de Chant prises dans les octaves de ces sept notes.

Une chose qui m'a encore paru digne d'attention, c'est la partie du Chant qui regarde celui de la Psalmodie. Un seul exemple, pour chaque ton, que nous trouvons dans nos livres, ne suffit certainement pas, pour obvier à toutes les difficultés, tantôt à cause de l'inégalité des versets dans les pseaumes, tantôt à cause de la variété des médiantes, par le peu de syllabes dans les unes, & par le grand nombre dans les autres; tantôt à cause de la mesure du temps qu'on y doit observer, & tantôt à cause de l'attention qu'on doit avoir de prononcer exactement le latin.

J'ai donc pris la peine, 1°. de transcrire, d'une maniere courte & claire, le principe & les regles du Chant de la Psalmodie; 2°. de noter plusieurs versets pour chaque ton, dont les médiantes sont difficiles, &

vj AVERTISSEMENT.

je les ai pris, presque tous, dans l'Office du Dimanche, comme étant plus de pratique dans les Paroisses, pour servir de base aux versets & médiantes difficiles dans le reste du Pseautier.

Depuis le nouveau livre des Hymnes (1), nombre de MM. les Curés mes confreres, m'ont engagé à composer un Chant pour la Messe de l'entrée de la récolte, & à compléter celui des Messes pour les Fêtes de Premiere & de Seconde Classe, du Saint Sacrement & de l'Epiphanie, me représentant que de ce nouveau travail naîtroit l'uniformité de Chant par-tout le Diocese, en ces jours de Solemnité. Je suis entré dans leurs vues ; j'ai composé quelques pieces de Chant que j'ai soumises à l'examen des personnes que j'ai su capables d'en juger (2) ; j'ai imité, autant que les mots, & le sens des mots me l'ont permis, les modulations du Chant de ces Fêtes ; & son Eminence Monseigneur le Cardinal de la

---

(1) Imprimé en 1777.

(2) Déjà cependant quelques-unes paroissent, depuis certain temps, sur ces mêmes Fêtes, mais sans autorité ni permission : pretintaillés d'ailleurs (comme dit M. Rousseau) des ornements de notre Musique, qui ne peuvent convenir ni à la gravité du Plain-Chant, ni à sa noble simplicité.

AVERTISSEMENT.

ROCHEFOUCAULT, notre illustre Prélat, toujours zélé pour tout ce qui peut procurer la plus grande gloire de Dieu, & le bien spirituel de ses Diocésains, a bien voulu me permettre de les insérer à la fin de cette Méthode.

Enfin, pour la satisfaction de MM. les Ecclésiastiques qui ont du goût pour la parfaite exécution du Chant des Hymnes mesurées, j'ai donné aussi quelques regles pour apprendre à marquer la mesure en chantant, après avoir expliqué la valeur des notes pour les mesures, soit à deux temps, soit à trois : &, pour ne laisser rien à desirer, j'ai encore donné une petite instruction pour cette partie du Chant des Pseaumes qu'on appelle *Faux-bourdon*.

Puissent MM. les Ecclésiastiques exciter, par leurs exemples, l'amour des louanges du Seigneur dans les Eglises où ils président ! Puissent les Jeunes gens employés à la célébration de l'Office divin, profiter de leurs instructions, & s'attacher au Service de Dieu toute leur vie ! Puissent tous les Fideles s'animer à la piété par le Chant des Pseaumes, des Hymnes & des Cantiques de l'Eglise ! Daigne, enfin, la TRÈS-SAINTE & ADORA-

viij *AVERTISSEMENT.*

BLE TRINITÉ bénir ce Livre uniquement consacré à sa gloire.

*Sit TRINITATI Gloria,
Suprema Laus, summum Decus!*

Quoique cette Méthode soit spécialement à l'usage du Diocese de Rouen; ce qui est dit, dans les deux premieres Parties en général, & dans la troisieme en particulier, sur les principes, & sur les regles à observer pour la parfaite exécution du Chant de l'Eglise, peut la rendre utile, & même nécessaire, dans nombre de Dioceses.

INSTRUCTION

INSTRUCTION
SUR L'ANTIQUITÉ
DU CHANT ECCLÉSIASTIQUE,

Et sur l'excellence de cette Science, tirée 1°. du Texte sacré ; 2°. de l'Histoire de l'Eglise.

Chantez au Seigneur un Cantique nouveau, & faites-lui un saint Concert de voix & d'instruments. (*Du Pseaume. 32.*)

PREMIERE PARTIE.

L existe un Être suprême ; c'est une vérité gravée dans le cœur de tous les hommes : ses perfections infinies, son éternité, son immensité, sa toute-puissance, &c. &c. sont autant de titres qui nous annoncent ses grandeurs, & la majesté du Culte que nous lui devons.

Or, quel Culte plus digne de la Majesté suprême, que celui que l'Eglise a institué ?

Assemblés tous dans le Temple du Seigneur, & profondément humiliés en sa présence, nous lui rendons un hommage authentique de notre dépen-

A

dance & de notre entiere soumission ; nous l'adorons comme LE ROI DU CIEL & DE LA TERRE. Animés par l'amour & la reconnoissance, nous chantons ses bienfaits & ses miséricordes ; nous lui faisons un sacrifice public de louanges & d'actions de graces ; nous le bénissons : nous lui rendons, autant que notre foiblesse nous le permet, tous les honneurs qui lui sont dus, & toute la gloire qui lui appartient ; nous lui offrons enfin ce Culte solemnel que lui-même a révélé, & qui a passé jusqu'à nous.

Ouvrons, en effet, les Livres saints : lisons celui de la Genese sur la création du monde ; nous verrons que le Chant faisoit une partie de l'occupation de nos premiers parents.

Jubal, beau-frere d'Hénoc, » fut le pere de ceux » qui jouerent les premiers des instruments (1) «.

Nous verrons Enos, fils de Seth, & petit-fils d'Adam, nous apprendre à nous adresser au Seigneur, & à invoquer publiquement son saint Nom. » Celui-là, » dit l'Ecriture, commença d'invoquer le nom du » Seigneur «. Explication du texte : par un Culte public, & par de certaines cérémonies (2).

Nous verrons encore, dans le même Livre de la Genese, que, lorsque Jacob quitta secrétement la maison de Laban son beau-pere, le Chant étoit admis dans les Assemblées qui n'étoient que de simples cérémonies de famille. » Pourquoi ne m'avez-vous » pas averti que vous vouliez vous retirer, disoit » Laban à Jacob ? J'aurois été vous conduire au bruit » des tambours & au son des harpes (3) «.

Les Hommes, dit M. Bossuet, Evêque de Meaux,

---

(1) Genese, chap. 4, vers. 21.
(2) Genese, chap. 4, vers. 26.
(3) Genese, chap. 31, vers. 27.

qui habitoient avec Abraham, Isaac & Jacob, la terre de Chanaam, & qui s'étoient conservés dans la connoissance du vrai Dieu, nous parlent souvent des Montagnes où ils avoient sacrifié à Dieu, & des Cantiques que les peres apprenoient à leurs enfants. Ces Cantiques, dit ce savant Evêque (1), se chantoient dans les Fêtes & dans les Assemblées publiques pour perpétuer la mémoire des actions éclatantes des siecles passés. Delà, ajoute-t-il encore, est née la Poésie changée dans la suite des temps; employée à louer le SEIGNEUR, & à célébrer la mémoire des grands Hommes.

C'est pourquoi nos Peres ont toujours regardé la Science du Chant, comme très-ancienne & très-nécessaire. » Elle sert, disent-ils, à nourrir l'esprit dans » la vertu & dans la piété; elle nous éleve jusqu'à la » divinité, & nous la rend propice; elle ressuscite en » nous la grace de l'Esprit-Saint qui nous rend dignes » de ses divines influences (2) «.

Moïse, sauvé des eaux, élevé dans la Cour de *Pharaon*, Roi d'Egypte, & choisi de Dieu pour conduire le peuple d'Israël, a fait du Chant une des intéressantes occupations de sa vie. On en peut juger par le beau Cantique qu'il a composé, & par l'ordre & les cérémonies avec lesquelles, lui & sa sœur *Marie*, le faisoient chanter. » Chantons des Hymnes

---

(1) Histoire Universelle, tome premier, pages 138 & 139.

(2) Movet intùs musica vi quâdam, & potentiâ naturali, spiritum hominis; & cùm decenter convenit cum verbo, vel sensu divinæ laudis, concutit penetralia cordis; & illam quam accepit homo, in eo resuscitat gratiam *Spiritûs Sancti*. *Rupertus* Commentario in Libros Regum, lib. 5, c. 23.

Agit quippè Cantus in spiritum, eumque potentissimè efficiens, ad cœlestes influxus recipiendos idoneum efficit. *Richardus à Sancto-Victore*, libro 5, de contemplatione, c. 17.

A 2

Instruction

» au *Seigneur*, dit Moïse au Peuple d'Israël (1) ;
» après le passage de la Mer rouge ; parce qu'il a fait
» éclater sa grandeur, sa gloire & sa puissance pour
» nous ; & qu'il a précipité dans la mer nos redouta-
» bles ennemis «.

David établit, par l'ordre de Dieu, des Lévites
pour servir devant l'Arche du Seigneur » pour le glo-
» rifier, lui rendre de continuelles actions de graces,
» & pour chanter ses louanges comme le Dieu
» d'Israël (2) «.

Ce fut alors qu'il composa ce beau Cantique :
» Louez le Seigneur, & invoquez son saint Nom ;
» publiez ses merveilles au milieu de tous les peu-
» ples ; & chantez ses louanges sur les instru-
» ments (3) «.

Ordre des Chantres & des Musiciens établi par David.

» David donna aux enfants de *Merari* l'Intendance sur
» les Chantres de la Maison du Seigneur ; & ils rem-
» plissoient leur ministere, en chantant devant le
» Tabernacle de l'alliance, jusqu'à ce que Salomon
» eût bâti le Temple du Seigneur dans Jerusa-
» lem (4) «.

» Il choisit, avec les principaux Officiers de l'ar-
» mée, pour remplir les fonctions de Musiciens tou-
» chants des instruments, les enfants d'*Asaph*, d'*Hé-
» man* & d'*Idithum*, qui s'acquitterent des Offices
» qui leur étoient destinés (5) «.

---

(1) Exode, chap. 15, vers. 1.
(2) Premier liv. des Paralip. ch. 16, v. 4.
(3) Premier livre des Paralip. versets 8 & 9.
(4) Premier liv. des Paralip. ch. 6, versets 29, 30, 31 & 32.
(5) Premier liv. des Paralip. ch. 25, vers. 1.

SUR LE CHANT. 5

Dédicace du Temple de Jerusalem.

Salomon, avec tous les anciens d'Israël, & les Princes de la Tribu de Juda, ayant fait transporter l'Arche de l'Alliance du Seigneur, de la Montagne de Sion ou ville de David, dans le Temple de Jerusalem, & l'ayant déposée dans le Saint des Saints, fit cette priere au Seigneur : » Ayez égard, ô Seigneur mon » Dieu ! à l'oraison de votre Serviteur. Ecoutez l'Hy- » mne & la Priere que je vous adresse aujourd'hui, & » en votre présence (1). Que vos yeux soient toujours » ouverts jour & nuit, sur cette Maison de laquelle » vous avez dit : *C'est là que sera mon nom ;* afin que » vous exauciez la priere de votre serviteur en ce lieu, » & toutes celles que votre Peuple d'Israël vous y » offrira «.

Ces paroles sont aussi consolantes que magnifiques. Elles nous inspirent, & le profond respect avec lequel nous devons paroître dans nos Eglises, dont le Temple de Jerusalem n'étoit que la figure ; & la confiance filiale avec laquelle nous pouvons nous présenter dans ces lieux saints devant la Majesté de Dieu, pour lui offrir nos vœux & nos prieres ; parce qu'il est le Dieu d'amour, & le pere des miséricordes.

» Simon, fils d'Onias, grand Pontife, a soutenu la » Maison du Seigneur, & a fortifié son Temple pen- » dant sa vie... Ayant reçu une partie de l'Hostie de » la main des Prêtres, & ayant fait l'oblation au Sei- » gneur par leurs mains, devant toute l'Assemblée » d'Israël... les enfants d'Aaron ont élevé leurs voix » vers Dieu, & ont sonné de leurs trompettes... (2)

---

(1) Troisieme livre des Rois, chap. 8, versets 28 & 30.
(2) De l'Ecclesiaf. ch. 50, versets 1, 13, 15, 18, 19 & 20.

« Tout le Peuple venu en foule, s'est prosterné pour
» adorer le Seigneur, & rendre leurs vœux au TOUT-
» PUISSANT, AU DIEU TRÈS-HAUT. Alors les
» Chantres ont élevé aussi leurs voix, pour chanter
» leurs Cantiques ; & ont fait retentir cette grande
» Maison d'un bruit plein d'une douce harmonie «.

Après la purification du Temple de Jerusalem, dont l'impie *Achaz*, Roi de Juda, avoit fait fermer les portes, & avoit livré tout ce qu'il y avoit de plus précieux à *Teglat-Phalasard*, Roi d'Assyrie, Ezéchias commanda qu'on offrît les Holocaustes : « &
» tandis qu'on les offrit, les Lévites & les Prêtres
» chanterent leurs Cantiques, & jouerent des instru-
» ments que David, Roi d'Israël, avoit préparés,
» &c « (1).

Les Israélites, dit M. Fleury, n'ont jamais cessé d'honorer le Seigneur par un culte public ; ils lui ont toujours rendu, par le Chant des Hymnes & des Cantiques, l'hommage de leur reconnoissance. Ils avoient coutume, dit-il, de se trouver à Jerusalem aux trois grandes solemnités, de Pâque, de la Pentecôte & des Tabernacles. Il étoit permis aux femmes de s'y trouver aussi ; l'Assemblée du Peuple étoit très-nombreuse. On avoit la joie de revoir ses parents & ses amis ; & on assistoit aux prieres & aux sacrifices qui étoient toujours accompagnés de chants & de musique (2).

Donnons ici à la lecture des Pseaumes & des Cantiques de David, ce Roi toujours plein de zele pour la gloire du Très-Haut, l'attention qu'ils méritent. Quelle consolation, & quelle solide piété n'inspirent-

---

(1) Deuxieme livre des Paralip. ch. 29, vers. 26, 27 & 28.
(2) Livre des Mœurs des Israélites, pages 144 & 145.

ils pas ? Quelle consolation, en nous parlant du Messie, de ses grandeurs, de son triomphe, de ses bienfaits & de ses miséricordes ! quelle solide piété, en excitant dans nos ames les sentimens du plus parfait amour pour Dieu, & du plus inviolable attachement à sa Loi. L'onction en est si touchante, dit M. *Languet*, Archevêque de Sens, dans sa Lettre pastorale, à la tête de sa traduction des Pseaumes, pages 60 & 61, que, malgré la foiblesse des traductions, elle pénetre encore le cœur.

» Venez, dit David à tous les Habitans de la
» terre (1); réjouissons-nous dans le Seigneur; hâ-
» tons-nous de nous présenter humblement devant
» lui, pour célébrer ses louanges; & mêlons nos
» voix au son des instrumens, pour exalter la gloire
» du Seigneur le grand Roi & le grand Dieu, élevé
» au-dessus *de tous les Dieux*, &c. «

» Il est bien juste de vous louer, ô souverain Sei-
» gneur de l'Univers, & de chanter la gloire de votre
» saint Nom ! Dès le matin, j'annoncerai vos misé-
» ricordes, & la nuit je publierai votre vérité (2). Je
» mêlerai ma voix au doux son des instrumens, &
» la harpe accompagnera mes Cantiques. C'est avec
» joie, Seigneur, que je vois votre grandeur dans
» vos ouvrages ; je prendrai toujours plaisir à les
» exalter, comme étant sortis de vos mains (3). Oui,
» autant que je vivrai, je m'occuperai à chanter vos
» louanges, ô mon Dieu ! j'y consacrerai le reste de
» mes jours. Puissent donc mes paroles, ainsi que
» mes chants, vous être agréables ! C'est en vous
» seul que je trouverai toujours le souverain bonheur
» de la vie «.

---

(1) Pseaume 94, versets 1, 2, 3, &c.
(2) Pseaume 91, versets, 1, 2, 3 & 4.
(3) Pseaume 103, versets 33 & 34.

Si je voulois rapporter tous les traits également beaux, continue ce grand Evêque, il faudroit copier tous les Pseaumes: mais voici, dit-il, le Jugement qu'en portoit saint Ambroise.

» Les Pseaumes ont des charmes proportionnés à
» tous les âges, & ils conviennent à tous les Etats (1). Le
» Monarque les chante sur le trône; le pauvre dans
» sa chaumiere. Les maisons en retentissent: on les
» entend aussi dans les campagnes. Ces chants dissipent
» les frayeurs de la nuit, & adoucissent les travaux du
» jour. Les rochers mêmes semblent y être sensibles,
» & les cœurs les plus endurcis s'amollissent à une
» telle mélodie. Plus d'une fois ils firent fondre en
» larmes les plus insensibles, & apprirent aux moins
» compatissants à se laisser attendrir. Dans les Pseau-
» mes, ajoute-t-il, les préceptes sont enchaînés
» avec les agréments; c'est avec plaisir qu'on les
» chante: c'est pour s'instruire qu'on les apprend, &
» l'on n'oublie pas aisément ce qu'on s'est fait un
» plaisir de retenir & de chanter «.

Chantez au Seigneur, disoit encore David, pour exprimer les grandeurs de Dieu, & annoncer aux hommes la venue de Jesus-Christ sur la terre, comme le Messie, & leur Libérateur. » Chantez au Sei-
» gneur un Cantique nouveau, & bénissez son saint
» nom (2). Publiez chaque jour ce qu'il a fait pour
» votre délivrance, & annoncez sa gloire & ses mer-
» veilles au milieu de tous les peuples «.

Peuples, dit enfin David, pour annoncer aussi le triomphe de Jesus-Christ dans son Ascension, & la conversion de tous les Peuples qui devoit s'ensuivre (3).

---

(1) Œuvres de Saint Ambroise, Préface à la tête des Pseaumes de David, Edition romaine, tome premier, page 653.
(2) Pseaume 95, versets 1, 2 & 3.
(3) Pseaume 46, versets 1, 6, 7, 8 & 9.

SUR LE CHANT.

« Peuples, frappez tous des mains; louez Dieu, &
» marquez-lui votre joie par des cris d'alégresse.
» Chantez à la gloire de notre Dieu, chantez. Chan-
» tez à la gloire de notre Roi, chantez. Chantez avec
» art & sagesse, parce que Dieu est le Roi de toute
» la terre.... Notre Dieu en possession de son trône
» saint, va régner sur les *Gentils*..... Déjà les Prin-
» ces des Nations se réunissent au culte du Dieu d'A-
» braham, &c. &c.

Et c'est, disent les Interpretes, pour célébrer la conversion & l'union de tous les Peuples (Juifs & Idolâtres) dans une même société qui est celle de l'Eglise, qu'il a composé le Pseaume suivant.

» Nations, louez toutes le Seigneur (1): Peuples,
» louez-le tous, parce qu'il a signalé sa miséricorde
» pour nous; & que la vérité du Seigneur demeure
» éternellement «.

Arrivés à ces temps heureux, si solemnellement annoncés par David & par les autres Prophetes, où les anciens sacrifices ont été abolis, où les ombres ont fait place à la vérité, écoutons JESUS-CHRIST dont le Roi Prophete a publié la justice & la miséricorde; nous entendrons ce divin Maître (2), non-seulement autoriser le Chant, » en chantant avec ses Apôtres un
» Cantique d'actions de graces (3) «, après l'institu-

---

(1) Pseaume 116.
(2) Evangile de saint Matthieu, c. 26, v. 30.
(3) Et ayant chanté le Cantique d'action de graces, ils s'en allerent à la Montagne des Oliviers. Explication de ce texte :
Et Hymno dicto, id est cantato, &c. Hymnus propriè Cantum significat. Estius *in Scripturam in-folio*, pag. 502. *Et cùm Hymnum cecinissent, &c.* Erasmus. *Ubi non est Cantus, non est Hymnus.* Sanctus Augustinus; *sic enim ait, cum Estio in versu suprà citato : Cantus ita est de ratione Hymni, ut, nisi cantetur, Hymnus dici non possit.*

B

tion du Sacrement de son Corps adorable, la veille de sa mort : nous l'entendons encore, selon saint Augustin, » en faire un Commandement à ses Apôtres, » & à toute l'Eglise en leurs personnes (1) «.

Philon, qui vivoit au temps des Apôtres, nous dit » qu'en l'Eglise d'Alexandrie, c'étoit la coutume » de chanter des Hymnes & Poésies sacrées ; qu'un » d'entre les Chantres se levoit pour en chanter les » premieres strophes & versets ; & que les autres » Chantres les finissoient alternativement (2).

Flavien, un des plus illustres Evêques du quatrieme siecle, fut le premier qui, ayant assemblé des Moines, chanta : Gloire au Pere, au Fils, & au Saint-Esprit (3).

Saint Paul (4) ne cessoit de recommander aux Fideles de son temps » de s'instruire, & de s'entretenir » dans la ferveur par des Hymnes, des Pseaumes & des » Cantiques spirituels, chantants de cœur, & avec » édification, les louanges du Seigneur, &c. «

Telle étoit, en effet, la ferveur des premiers Chré- » tiens (5), qu'ils ne s'occupoient que du Chant des » Pseaumes, des Hymnes & des Cantiques ; & qu'ils

---

(1) *De Hymnis & Psalmis canendis, cùm & ipsius Domini & Apostolorum habeamus documenta & exempla & præcepta.* Sanctus Augustinus *in Epistol.* 119.

(2) Philon, très-célebre Ecrivain du premier siecle, natif d'Alexandrie, Livre des Ordonnances Ecclésiastiques, sous le nom de Police Ecclésiastique, titulo 3.

(3) Histoire Ecclésiastique de M. Fleury, in-4º, tome 3, liv. 12, pag. 390; ce qui fut confirmé aux Conciles de Rome & de Damase. Histoire de l'Eglise de M. Godeau, Evêque de Vence, page 772, premier vol. in-folio. Les Latins y ajouterent : *Sicut erat in principio, &c.* dans le sixieme siecle. Fin de la cinquieme Cathechese mystagogique de l'explication de Saint Cyrille, Evêque de Jerusalem, page 560.

(4) Saint Paul aux Colossiens, chap. 3, v. 16.

(5) Mœurs des Chrétiens de M. Fleury, pag. 215.

» ne croyoient avoir autre chose à faire, les jours de
» Dimanches & de Fêtes, qu'à servir Dieu, en assis-
» tant aux Offices; & tout l'Office étoit accompagné
» de chants. Saint Basile dit que de son temps tout le
» peuple chantoit dans les Eglises; & saint Augustin
» attribue à saint Ambroise d'avoir introduit, dans les
» Offices, le chant des Pseaumes, des Hymnes &
» des Cantiques, à deux chœurs, à l'exemple des
» Eglises orientales «.

Les Hymnes que composa saint Ambroise » furent
» si célebres (1), que, pour dire un Hymne, dans les
» siecles suivants, on disoit AMBROSIANUM «.

Delà l'excellence & la noblesse du Chant ecclésiastique. Il a toujours été admis dans tout ce qui regardoit le Culte extérieur, & dans tous les sacrifices de
l'ancienne Loi. Il l'est encore aujourd'hui dans la célébration de l'Office divin, & dans le temps même
du plus saint & du plus auguste de tous les Sacrifices,
le Sacrifice de la Messe. L'Eglise, dans ce Sacrifice
de propitiation, de miséricorde, de graces & de
bénédictions, ne cesse de répéter avec tous les Es-
prits célestes : que le Seigneur EST LE TROIS FOIS
SAINT, LE TRÈS-HAUT; QUE LE CIEL ET LA
TERRE SONT REMPLIS DE LA MAJESTÉ DE SA
GLOIRE & DE LA GRANDEUR DE SON NOM;
QU'A LUI SEUL APPARTIENT TOUT HONNEUR
& TOUTE GLOIRE DANS TOUS LES SIECLES
DES SIECLES. C'est pourquoi les Peres de l'Eglise
ont appellé le Chant ecclésiastique, l'*Emploi des
Anges*, l'*Œuvre de Dieu*, l'*Office divin*.

---

(1) Histoire Eccles. de M. Fleury, tome 4, liv. 18,
page 498.

SECONDE PARTIE.

Des variations du Chant ecclésiastique, & des Personnes les plus illustres, dans leur temps, qui l'ont aimé, & qui l'ont orné de leurs travaux.

Lisons, dit M. l'Abbé le Beuf (1), l'Histoire de l'Eglise. Nous verrons que, dès les sixieme, septieme & huitieme siecles, le Chant ecclésiastique faisoit souvent l'occupation des personnes de la plus haute qualité.

Vers la fin du cinquieme siecle, le Prêtre Fortunat composa les Hymnes *Vexilla Regis*, &c. & *Pange lingua* du même jour, à Matines (2).

Nous verrons un des plus grands Rois qui aient régné en Europe, Charlemagne, Empereur en 742, & seul Roi de France en 771, se livrer à cette science, & faire introduire, dans toutes les Eglises de son Empire, le Chant Grégorien, comme le plus beau qu'il connût alors. On a même de lui une Gamme pour l'enseigner.

Les neuvieme & dixieme siecles, ajoute M. le Beuf, furent des plus brillantes époques pour le Chant ecclésiastique. On vit, dans ces temps de piété, les Evêques, les Abbés, les Prêtres, les Princes, les

---

(1) Chanoine, & Sous-Chantre de la Cathédrale d'Auxerre.
(2) Sainte Radegonde, Reine de France, ayant demandé à l'Empereur Justin un morceau de la vraie Croix, il y eut de grandes cérémonies à Poitiers où elle demeuroit, dans le Monastere que lui avoit fait bâtir Clotaire, Roi de France, son mari; & ce fut à l'occasion de cette fête que le Prêtre Fortunat composa l'Hymne *Vexilla Regis*, &c. Histoire Ecclésiastique de M. Fleury, tome 7, liv. 34, pages 564 & 565. Et celle *Pange, lingua*, &c. dit le P. le Brun, sur les Liturgies de l'Eglise, tome troisieme, page 152.

Rois même, y donner une partie de leur temps. La France fut alors ce que l'Italie avoit été sous les souverains Pontifes Grégoire & Léon.

Humbert de Romans, Général des Dominicains, homme très-diſtingué par ſon mérite, & par ſa ſolide piété, avoit mis au nombre des articles à traiter au Concile de Lyon, en 1274, pour toutes les Egliſes, » celui d'enſeigner le Chant, & de le faire apprendre » avec beaucoup d'application (1) «.

Grégoire de Tours rapporte de ſaint Niſier, Prêtre, & devenu enſuite Archevêque de Lyon, qu'auſſi-tôt que les enfants pouvoient parler, il les mettoit à la lecture, & leur apprenoit enſuite le Chant de la Pſalmodie.

Les Hiſtoires des Cathédrales & des Abbayes ſont pleines de monuments qui montrent la part que les Enfants de Chœur ont toujours eue dans l'exécution du Chant eccléſiaſtique.

Le Pape Urbain IV avoit été élevé à Troye parmi les Enfants de Chœur.

On voit encore, dans l'Egliſe de Saint-Jean de Lyon, le tombeau d'un Cardinal qui y avoit été Enfant de Chœur.

Etienne, Chorévêque, & Abbé de Lobbes, avoit ſervi, dans le temps de ſon enfance, l'Egliſe de Metz, alors fort célebre par la ſcience du Chant.

L'Egliſe de Paris ne l'a pas moins été, à l'exemple de celle de Metz. Gerſon, illuſtre Chancelier de cette Egliſe, compoſa un ſavant Traité ſur l'éducation des Enfants de Chœur de cette même Egliſe. Cet Ouvrage contient des choſes très-curieuſes qu'on peut voir dans la derniere Edition de ſes œuvres, publiée par M. Dupin. C'eſt un témoignage poſitif de

---

(1) *Quod in omnibus Eccleſiis Ars Cantûs melius doceretur, & addiſceretur.* Méthode de M. le Beuf, pag. 9.

l'attention qu'a toujours eue la célebre Eglife de Paris, pour que fes écoles de Chant fuffent floriffantes.

Les Enfants de Chœur ont toujours chanté beaucoup de verfets, & notamment ceux d'après les Hymnes de Laudes, de Vêpres & de Complies, comme ils les chantent encore aujourd'hui. Mais anciennement le Chœur répondoit, en chantant, à ces verfets; les uns à la quarte, les autres à la quinte, & les autres à l'octave deffous, à caufe du changement qui fe fait dans la voix des jeunes gens; & qu'alors leur voix n'a plus le même diapafon, ni la même étendue; ce qui étoit fort défagréable. C'eft pourquoi, en ce Diocefe, & en plufieurs autres, on a pris le parti, depuis le douzieme ou treizieme fiecle, de répondre tout bas à ces mêmes verfets.

L'occupation d'enfeigner le Chant aux jeunes gens, dit M. le Beuf, n'eft point au-deffous du caractere des Prêtres. Pour quelques peines qu'on fe donne, ajoute ce refpectable Eccléfiaftique, on a la fatisfaction de fe les attacher, & de les accoutumer de bonne heure à affifter à l'Office divin. On en fait ordinairement de bons Paroiffiens, exacts à leur devoir, & fe plaifants aux Eglifes: en état de s'occuper utilement chez eux, & laiffant volontiers ces chanfons profanes qui portent la corruption dans le cœur, &c.

Enfin l'Hiftorien de la vie de Saint Grégoire, Pape, dit qu'on voyoit encore de fon temps, l'Antiphonaire dans lequel ce fouverain Pontife faifoit chanter les jeunes gens, & même l'inftrument de leur correction.

Au Chant Gallican fuccéda le Chant Romain ou Grégorien.

Lorfque ce Chant fut admis en France, on vit, en peu de temps, des pieces de Chant & même des Offices entiers compofés par des perfonnes de la premiere qualité. Ce Chant leur parut plus varié : ils s'y adonnerent tellement, qu'on vit bientôt, dit M. le Beuf, des pieces de Chant qui égaloient, & même surpassoient celles de l'Antiphonaire Romain.

Ce fut alors que Charlemagne composa l'Hymne *Veni, Creator*, avec son Chant, & qu'il introduisit, comme on l'a vu (page 12), le Chant Grégorien, dans les Eglises de son Empire.

Dans le même siecle, saint Remi, Archevêque de Rouen, fit la même chose pour son Diocese (1).

Charles-le-Chauve, Roi de France, en 840, composa un Office du saint Suaire, qu'il donna à l'Eglise de Compiegnes qu'il affectionnoit.

Robert, Roi de France, en 956, composa plusieurs Hymnes que l'on chante encore aujourd'hui dans l'Eglise, ainsi que le Répons *O Juda & Jerusalem*, aux premieres Vêpres de Noël, en ce Diocese. On lui attribue la Prose *Victimæ paschali laudes*, &c. pour la Fête de Pâque (2).

On trouve encore, dans les anciens livres du Royaume, plusieurs nouveaux Répons en l'honneur de la sainte Vierge, que Fulbert, Evêque de Chartres, communiqua au Roi, pour les faire répandre dans ses Etats. Je les ai vus, dit M. le Beuf, dans les recherches que j'ai faites dans la Bibliotheque du Roi, & dans des manuscrits.

Saint Louis, Roi de France, en 1226, aima beaucoup le Chant ecclésiastique, & se plaisoit fort à l'entendre (3).

---

(1) *Legenda sancti Remigii, die 29 Januarii.*

(2) Ce Prince fut aussi religieux que vaillant. L'Eglise chante tous les jours des Cantiques qu'il a composés en l'honneur des Saints & des Martyrs. M. Bossuet, Hist. Universelle, tome 2, page 22.

(3) *In divinis Cantibus sibi admodum complacebat.*

Gui, Evêque d'Auxerre, appliqua sur des paroles de son choix, tirées de l'Ecriture, en l'honneur de saint Julien, Martyr, la mélodie du Chant des Répons que Héric & Remi, savants Religieux de l'Abbaye de Saint-Germain d'Auxerre, avoient composés en l'honneur de son saint prédécesseur.

Saint Ildefonse, de Tolede, composa deux Messes d'un Chant mélodieux, en l'honneur de saint Côme & de saint Damien.

Etienne, Evêque de Liége, composa un Chant merveilleux, en l'honneur de la Très-sainte Trinité.

Un Archevêque de Sens composa aussi le Chant d'un Office de l'Assomption de la sainte Vierge, différent du Romain.

Les Chefs des Communautés, & même les Abbés, marquerent aussi beaucoup d'ardeur pour le Chant. Ceux des Pays-Bas enrichirent leurs Eglises de leurs Ouvrages.

Hélisacard, Chancelier de Louis-le-Débonnaire, & Abbé de Saint-Maximin de Treves, travailla beaucoup sur le Chant, & mit en ordre l'Antiphonaire Romain pour les Eglises de son canton.

Quelques Abbés du Monastere de Lobbes s'érigerent aussi en Auteurs dans le Chant ecclésiastique; mais saint Odon, célebre Abbé de Cluny, à qui Remi d'Auxerre avoit appris le Chant, les avoit prévenus. On conserve encore, dans les Bibliotheques de son Ordre, les différentes pieces de Chant qu'il a composées.

Il y eut même en France des Abbés si zélés pour le Chant ecclésiastique, qu'ils ne recevoient aucun Religieux dans leurs maisons, sans s'être assurés de sa science sur le Chant.

Brunon, Evêque de Toul, & ensuite devenu Pape, composa des pieces de Chant, en l'honneur de saint Hidulfe, de sainte Odile, Vierge, & de saint

Grégoire,

Grégoire, Pape, qu'on regarde comme le Patron des Chantres, & à la louange duquel on applique ses paroles de l'Ecclésiastique : *Stare fecit Cantores contrà Altare , & in sono eorum dulces fecit modos.*

Dans le nombre des successeurs de saint Grégoire qui ont aimé le Chant, on trouve le Pape Innocent III, dans le douzieme siecle, auquel on peut aussi appliquer, en grande partie, le même éloge. Il est l'Auteur de l'excellente prose *Veni, Sancte Spiritus*, &c. pour la Fête de la Pentecôte. On lui attribue aussi la Complainte *Stabat Mater*, & quelques autres pieces de Chant (1).

Les Evêques faisoient alors l'office de Chantres aux Obseques des Rois. On lit qu'à la Translation de saint Magloire, l'an 1315, l'Evêque de Laon, célébrant la Messe, les Abbés de Saint-Germain des-Prés & de Sainte-Géneviève tinrent Chœur ; & que, pour chanter l'*Alleluia*, l'Evêque de Sagone & l'Abbé de Saint-Denis se joignirent à eux ; &, comme le dit un Poëte de ce temps-là, ils chanterent l'*Alleluia moult, hautement, & bien, & mesurément.*

L'Antiphonaire de Rouen, imprimé en 1727, rédigé & composé, en grande partie, par feu M. Geffray, Curé de Hautot-le-Vattois en Caux, est certainement un Ouvrage digne d'éloges. Ce volume considérable contient un grand nombre de pieces de Chant dont les modulations sont belles, sensibles & parlantes (2).

---

(1) Dictionnaire Historique, tome premier, page 622, fin de l'éloge d'Innocent III.

(2) Il eut pour Associé M. de la Chapelle, ancien Enfant de Chœur de Fécamp, qui, par son bon goût & son talent pour la composition, devint Maître de Musique du Collége de Louis-le-Grand, à Paris, où il acheva ses études, & où il composa, pour l'Abbaye de Fécamp, le Chant des Hymnes en Musique, *& de cette Musique qui ne vieillit point*, dit Dom Picheré, Maître de Musique de cette célèbre Abbaye. Ensuite il fut nommé Maître de Musique de la Chapelle du Roi : mais son

INSTRUCTION

M. l'Abbé le Beuf, Chanoine & Sous-Chantre de la Cathédrale d'Auxerre, a fait imprimer à Paris, en 1741, sa Méthode auſſi ſavante que curieuſe.

Dom Michel Hautement, Religieux Bénédictin, né à Rouen, homme dont le rare mérite eſt connu de tout ſon Ordre, compoſa, il y a pluſieurs années, en l'Abbaye du Bec où il demeure encore, un Office entier en l'honneur de ſaint Philbert, premier Abbé de Jumiéges. La Poéſie en eſt belle, le Chant bien choiſi, & celui des Antiennes & des Répons eſt un Chant grave & mélodieux, rendant aux paroles de l'Ecriture leur énergie.

Feu Monſeigneur le Dauphin, ce Prince ſi reſpectable par ſon mérite & par ſa ſolide piété, aimoit le Chant eccléſiaſtique, & prenoit quelquefois plaiſir à s'en occuper (1). Cet auguſte & religieux Prince étoit perſuadé qu'à la priere publique, l'Office divin, Dieu formoit les bons Rois, & leur donnoit de

---

amour pour la ſolitude le fit revenir à la Campagne, où, devenu Curé de Men heville, proche Fécamp, dans le Doyenné des Loges, il en fut nommé Doyen. Là partageant ſon temps entre l'étude de l'Ecriture-Sainte & de la Théologie, & la compoſition du Chant de l'Egliſe, il aida beaucoup M. le Curé de Hautot; compoſa d'excellentes pieces inſérées dans nos Livres de Chant, entre leſquelles, ce magnifique Répons *Quicumque*, &c. que l'on chante aux Fonts baptiſmaux, dans l'Office de Pâque. Et, en conſidérant la compoſition du Chant de l'*Alleluia* devant le Crucifix, au retour des Fonts, & celle des Répons *Exultate*, pour la Proceſſion avant la Meſſe, & *Dextera Domini*, pour la ſtation, l'on croiroit volontiers que ces trois autres pieces de Chant ſont du même Auteur.

(1) Il avoit du goût pour la Muſique, dit M. l'Abbé Proyart, Hiſtorien de la vie de ce grand Prince; mais pour cette muſique mâle qui éleve l'ame. C'eſt pourquoi le Chant de nos Hymnes ſacrés avoit, pour ſes oreilles, une harmonie que n'eurent jamais les accents de la volupté. Quelquefois ſeul, dans ſon cabinet, ou avec Madame la Dauphine, il faiſoit du Chant d'un Pſeaume, le délaſſement d'une ſéance à l'étude qu'il lui avoit trop fatigué.

sages Ministres ; & que ce lien sacré qui unit les Peuples à leur Prince, & le Prince à ses Peuples, étoit, selon la pensée de saint Grégoire de Nice, la force & tout à-la-fois la tranquillité des Empires (1).

M. Oudoux, Prêtre, Musicien de l'Eglise de Noyon, vient de faire imprimer, en 1776, une excellente Méthode pour le Chant Noyonnois, de sa composition, & approuvée de Monseigneur l'Evêque de Noyon.

Le Plain-Chant enfin, tel qu'il subsiste encore aujourd'hui, est un reste bien défiguré, mais bien précieux de l'ancienne Musique grecque, laquelle, après avoir passé par les mains des Barbares, n'a pu perdre encore toutes ses premieres beautés, dit M. Rousseau (2). Il lui en reste cependant assez, pour être de beaucoup préférable, même dans l'état où il est à présent, & pour l'usage auquel il est destiné, à ces Musiques efféminées & théatrales, ou maussades & plates qu'on lui substitue en quelques Eglises, sans gravité, sans goût & sans convenance, &c. Le temps où les Chrétiens commencerent d'avoir des Eglises, dit-il, & d'y chanter des Pseaumes & des Hymnes, fut celui où la Musique avoit déjà perdu presque toute son ancienne énergie. Les Chrétiens saisis alors de la Musique dans l'état où ils la trouverent, lui ôterent encore la plus grande force qui lui étoit restée, celle du rhythme & du mètre....

Il n'y eut plus que quelques Hymnes dans lesquelles, avec la prosodie & la quantité des pieds conservés, on sentit encore un peu la cadence du vers ; mais ce ne fut plus là le caractere général du Chant, &c..... Malgré ces pertes si grandes, si es-

_____

(1) *Oratio Regni vires... Oratio Pacis securitas*, Sanctus Gregorius Nissenus, c. 1. de oratione.

(2) Extrait du sentiment de Rousseau sur le Chant de l'Eglise, dans son Dictionnaire de Musique, 2 vol. page 93, &c. imprimé à Paris en 1775.

sentiélles, le Plain-Chant conservé par les Prêtres dans son caractere primitif, offre encore aux Connoisseurs de précieux fragments de l'ancienne mélodie & de ses divers modes, &c... Et ces modes, tels qu'ils nous ont été transmis, conservent encore toute leur beauté, & une variété d'affections bien sensibles aux Connoisseurs non prévenus, & qui ont conservé quelque jugement d'oreille pour les systêmes mélodieux : mais on peut dire qu'il n'y a rien de plus ridicule & de plus plat que ces Plain-Chants accommodés à la moderne, pretintaillés d'ornements de notre musique ; comme si l'on pouvoit marier le systême nouveau avec l'ancien toujours plein d'harmonie. On doit donc savoir gré aux Evêques, Prévôts & Chantres, qui s'opposent à ce barbare mélange ; & desirer que ces précieux restes de l'antiquité soient fidélement transmis à ceux qui auront assez de talent & d'autorité, pour en enrichir le systême nouveau.... Loin donc qu'on doive porter notre Musique dans le Plain-Chant pour l'orner, je suis persuadé qu'on gagneroit beaucoup à transporter le Plain-Chant dans notre Musique : mais il faudroit pour cela beaucoup de goût, encore plus de savoir, & sur-tout être exempt de préjugés, &c. &c.

Saint Ambroise, ajoute M. Rousseau, fut à ce qu'on prétend le premier qui donna des regles au Chant ecclésiastique, pour l'approprier mieux à son objet, & le garantir du dépérissement où étoit tombé de son temps le Chant en général : & saint Grégoire, dit-il, le perfectionna, & lui donna la forme qu'il conserve encore aujourd'hui à Rome, & dans les autres Eglises où il se pratique.

Mais l'Eglise Gallicane n'admit qu'en partie, & avec beaucoup de peine, presque même par force, le Chant Grégorien.....

Delà cette grande dispute à Rome, entre les

Chantres Romains & les Chantres François. Les François prétendirent chanter mieux & plus agréablement que les Romains.

Ces derniers se disoient plus savants dans le Chant, l'ayant appris de saint Grégoire même, & accusoient les François de corrompre, & de défigurer le vrai Chant.

La dispute ne se terminant point, Charlemagne, Roi de France (alors à Rome pour célébrer la Fête de Pâque avec le Pape), leur dit : » Déclarez-nous
» quelle est l'eau la plus pure & la meilleure, de celle
» qu'on prend à la source vive, ou de celle des rigoles
» qui n'en découlent que de bien loin ? Tous d'une voix
» dirent que l'eau de la source étoit la plus pure ; &
» celles des rigoles, d'autant plus altérée & plus sale,
» qu'elle venoit de plus loin. Remontez donc, leur
» dit le Roi, à la fontaine de saint Grégoire, dont
» vous avez évidemment corrompu le Chant (1) «.
Alors le Roi demanda au Pape des Chantres pour corriger le Chant François, c'est-à-dire Gallican, & le Pape lui en donna deux très-savants, & instruits par saint Grégoire, nommés Théodore & Benoît. Il lui donna aussi des Antiphoniers de saint Grégoire (2) ;
» & le Roi, de retour en France, envoya un des
» Chantres à Metz, & l'autre à Soissons ; & ordonna
» à tous les Maîtres de Chant des villes de France de
» leur donner à corriger leurs Antiphoniers, & d'ap-
» prendre d'eux à chanter «.

―――――――――――

(1) *Ait Dominus piissimus Rex Carolus ad suos Cantores : Dicite palàm quis purior, & quis melior, aut fons vivus, aut rivuli ejus longè decurrentes ? Responderunt, unâ voce, fontem, velut caput & originem, puriorem esse ; rivos autem quantò longiùs à fonte recesserint, tantò turbulentos, & immunditiis corruptos. Et ait Rex : revertimini ad fontem Sancti Gregorii, quia manifestè corrupistis Cantilenam ecclesiasticam, &c.*

(2) *Dominus verò Rex Carolus revertens in Franciam, misit unum Cantorem Metem, alterum Suessonem, præcipiens omnibus Civitatibus Franciæ Magistros scholæ, Antiphonarios eis corrigendos tradere, & ab eis discere cantare, &c.*

Il est vrai que le Chant Grégorien, pour peu qu'il soit bien modulé, sera toujours beau, toujours intéressant, toujours majestueux & toujours digne de son objet. Sur ce principe incontestable, toutes les personnes de bon goût, & un peu versées dans la science du Chant, trouvent un grand défaut dans le Chant de la Messe de M. Dumont; c'est d'être trop syllabique. Excepté les mots *Kyrie* & *Sanctus*, tout le reste ne ressemble à rien de plus qu'à un Chant férial, tant il est nu; surtout depuis les mots *Pleni sunt*, jusqu'à la fin de l'*Agnus*. Cependant le tout est bien susceptible d'ornements, en ajoutant quelques notes sur certaines syllabes; ce qui en lieroit davantage le Chant, & lui donneroit une plus douce & plus agréable mélodie.

On trouvera peut-être ce qui concerne le reste de ce Livre, c'est-à-dire tout ce qui regarde la science du Chant, un peu diffus. Je crois cependant n'avoir entré que dans le détail des choses nécessaires à savoir; & le Lecteur éclairé & non prévenu, qui voudra bien m'honorer de son attention, dans le cours de cet Ouvrage, en conviendra sans doute.

A lire le plus grand nombre des Méthodes qui paroissent sur le Chant de l'Eglise, il sembleroit que les Auteurs n'auroient eu en vue que d'effleurer cette science; comme si l'on pouvoit trop, & trop tôt, apprendre aux jeunes Eleves à se mettre en état d'en faire au moins autant pour louer dignement le Seigneur, qu'on en fait ordinairement dans le monde, pour plaire aux hommes.

Qui oseroit se présenter pour chanter dans les Chœurs profanes, sans bien savoir la Musique & les regles à observer pour la bien exécuter, n'y paroitroit certainement pas deux fois... Une simple & superficielle idée du Chant de l'Eglise doit-elle donc suffire dans la célébration de l'Office divin?

Fin de l'Histoire du Chant.

NOUVELLE MÉTHODE
POUR LE PLAIN-CHANT.

PREMIERE PARTIE.

AVANT de parler des lignes ou cordes, des clefs, des notes, &c. on a jugé à propos de faire voir ici, 1°. d'où est tiré le Plain-Chant ; quelle est , & quelle doit être son étendue. Sans cette connoissance, il n'est pas possible de conduire le Chant selon la portée ou l'étendue des voix (1) ; 2°. de faire connoître les deux demi-tons *mi*, *fa* & *si*, *ut*, qui entrent nécessairement dans la composition de l'octave.

1°. Si nous considérons le Chant de l'Eglise dans les Gammes ou Systêmes des *Grecs* & des *Latins*, nous ne le verrons point à la vérité, comme nous le voyons aujourd'hui, renfermé dans l'espace de quatre cordes ou lignes ; mais nous le verrons contenir toute l'étendue de leurs Systêmes composés de quinze degrés.

---

(1) Rien de plus instructif, à cet égard, que la Gamme des *Grecs*, ainsi que celle des *Latins*, ci-après imprimées.

24 NOUVELLE MÉTHODE

Si nous le considérons depuis le dixieme siecle, nous le verrons tiré de ces deux Systêmes, renfermé dans l'espace de quatre cordes ou lignes, & faire cette partie du Chant grave & simple qui, unissant parfaitement tous les sons, tant des voix que des instruments, devient, tout ensemble, & l'objet & le sujet de cette majestueuse & harmonieuse mélodie nommée *Faux-Bourdon* (1) ; & , tout ensemble encore,

---

(1) Le Faux-Bourdon, ainsi que ce que nous appellons *Fleuretis*, ou Chant sur le livre, ou accompagnement du Chant (& ce qu'on appelloit alors organisation) vient de petites circonvolutions de quelques notes distantes entr'elles d'une tierce, faites sur le Chant Grégorien, & qu'on nomma périélezes. C'est delà que nous sont venus les premiers accords dans le Chant en général.

Il y a des Dioceses où l'on n'entonne aucune piece de Chant, sans terminer l'intonation par une périéleze, & elle se fait par celui qui entonne : mais, dans les premiers temps, elles se faisoient par deux Chantres ensemble; & c'est ce qu'on appelloit chanter *in duplo organo*. Un seul exemple suffit pour faire voir la maniere de faire ces périélezes comme jadis. Deux Chantres auroient entonné ensemble comme il suit :

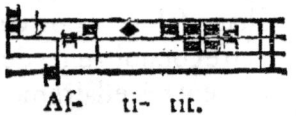

As- ti- tit.

Un d'eux restoit le temps de trois notes au *si* bémol, sur la derniere syllabe du mot *Astitit*; l'autre ne frappoit que la premiere, & descendoit dans l'instant au *sol*; y restoit le temps de deux notes; & tous deux se réunissoient au *la*, pour finir l'intonation. Aujourd'hui le Chantre entonne seul :

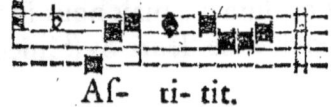

As- ti- tit.

Les Chantres Romains venus avec Charlemagne apprirent aux François à faire ces premiers accords : ensuite on en a fait, à la quarte, à la quinte, à l'octave, &c. M. le Beuf, page 78

le fondement de la plus belle & de la plus agréable symphonie.

2°. Nous le verrons démontré par l'Echelle de *Gui Arétin* (1), expliquée ci-après, & renfermé dans les bornes de l'octave.

Commençons par donner une idée de la Gamme des Grecs, & de celle des Latins. De ces deux Gammes nous verrons sortir le Plain-Chant, tel que nous le connoissons aujourd'hui. Ces deux Gammes sont de même étendue, & sont composées de quinze degrés, qui composent deux octaves. Elles renferment toutes deux quatre quartes divisées, & tout-à-la-fois liées ensemble par un monocorde. La parfaite disposition de leurs degrés ou cordes, contient tellement toutes les consonnances, & tous les modes du Chant, qu'il ne leur manque rien de ce qui est nécessaire à l'harmonie, & à la belle mélodie.

Nota. Ce que nous appellons *quarte*, les Grecs l'appelloient *tétracorde*; ce que nous appellons *uni-son*, au même degré, ils l'appelloient *monocorde*; ce que nous appellons *uni-son* à l'octave, ils l'appelloient *diapason*, & ce que nous appellons encore *uni-son* à la deuxieme ou double octave, ils l'appelloient *disdiapason*.

La premiere quarte ou premier tétracorde, au bas de leur Gamme, contient la partie des voix basses.

Le deuxieme tétracorde contient la partie des voix communes, que nous appellons la taille & concordant.

Le troisieme tétracorde contient la partie des voix au-dessus de la taille, que nous appellons *haute-contre*, ou *bas dessus*.

Le quatrieme tétracorde contient la partie des voix les plus hautes ou enfantines que nous appellons le *dessus* ou le *superius*. Ces quatre parties de Chant distinguées entr'elles, sont démontrées dans les deux Gammes suivantes.

---

(1) Bénédictin du dixieme siecle, né à Arrezzo, ancienne ville d'Italie dans la Toscane. *Dictionnaire Géographique*, page 47, seconde colonne.

Système ou Gamme des Grecs.

```
┌──── Nete hyperboleon. ────┐
│                           │  Tétracorde des
│    Peranete hyperboleon.  │  voix enfantines,
│                           │  ou dessus ou su-
│    Trite hyperboleon.     │  perius.
│                           │
│    Nete diezeugmenon. ────┤
│                           │  Tétracorde des
│    Peranete diezeugmenon. │  voix sur la taille,
│                           │  ou haute-contre
│    Trite diezeugmenon.    │  ou bas dessus.
│                           │
│    Paramese.              │
├──── Mese. ──── (1) ───────┤
│                           │  Tétracorde des
│    Lycanos Meson.         │  voix communes,
│                           │  ou la taille, ou
│    Parhypate meson.       │  concordant.
│                           │
│    Hypate meson. ─────────┤
│                           │
│    Lycanos hypaton.       │  Tétracorde des
│                           │  voix basses ou de
│    Parhypate hypathon.    │  la basse taille.
│                           │  Et au-dessous
│    Hypate hypaton.        │  sont les basses-
│                           │  contres.
└──── Proslambanomenos. ────┘
```

Deuxieme Octave (spans upper half) · **Premiere Octave** (spans lower half)

(1) *Mese.* Monocorde qui divise & unit, tout-à-la-fois, les deux octaves. HYPOPROSLAMBANOMENOS, nom d'une corde

POUR LE PLAIN-CHANT. 27

Gamme des Latins.

	a.—la.		Tétracorde des voix enfantines, aiguës, &c.
Deuxième Octave.	g.—sol.		
	f.—fa.		
	e.—mi.		
	d.—re.		Tétracorde des voix sur la taille, &c.
	c.—ut.		
	b.—za.—♮—si.		
	a.—la.—(1)		Tétracorde des voix communes, &c.
Première Octave.	G.—sol.		
	F.—fa.		
	E.—mi.		
	D.—re.		Tétracorde des voix basses, &c. comme en la Gamme des Grecs.
	C.—ut.		
	B.—b rond ou ♮ quarré.— za. ou si.		
	A.—la.		

(Première Octave: Étendue naturelle du Plain-Chant.)

On voit, par ces deux Gammes, que le Plain-Chant, prenant pour dominante (les jours de Solemnité) le son du *la*, au centre des parties, les unit tel-

---

ajoutée, à ce qu'on prétend, au système des *Grecs* par *Gui Arétin* ou *d'Arezzo*. Elle est un ton plus bas que la proslambanomène. Elle nous tiendroit lieu de *sol*. L'Auteur de cette nouvelle corde la désigne par la lettre Γ de l'Alphabet grec, d'où, dit Rousseau, nous est venu le nom de Gamme, en latin *Gamma*.

(1) Uni-son, au même degré, qui divise & unit tout-à-la-fois les deux octaves.

D 2

lement ensemble, qu'il devient alors l'objet & le sujet de la plus harmonieuse mélodie, &c. comme il est marqué, page 24.

Saint Grégoire, dit le célebre Kyrcher (1), ayant extrait les sept premieres lettres de la Gamme des Latins, pour fixer l'étendue du Plain-Chant; c'est, comme on le voit ci-après, qu'on auroit alors solfié le Chant du *Kyrie* de la Messe de M. Dumont, qui est de ton mineur. Il faut placer la lettre *d* à la plus basse corde de la Gamme, comme le *re* grave dans celle d'Arétin. On ne se sert point ici de lettres majuscules; elles auroient tenu trop de place.

Gamme de saint Grégoire.

C'est encore ainsi qu'il suit, qu'on auroit solfié le Chant de la Messe pour les Fêtes de premiere classe, qui est de ton majeur, & nommé, par excellence, des Anges; ce Chant est en effet si majestueux, si gracieusement modulé, si pathétique, &c. que les Connoisseurs en fait de Plain-Chant, & les personnes de bon goût, le regardent comme un chef-d'œuvre, & lui donnent le premier rang; mais il faut avoir attention de descendre la clef de deux degrés, & de placer la lettre *f* à la même corde de la lettre *d* en l'exemple précédent, pour empêcher le Chant de passer les bornes de la Gamme, & de monter jusques dans le tétracorde des voix enfantines.

---

(1) Savant Jésuite, Allemand.

POUR LE PLAIN-CHANT.

Gamme de saint Grégoire.

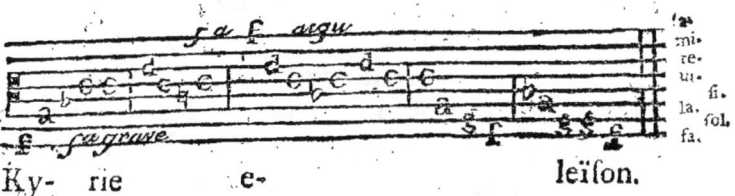

Ky- rie e- leïson.

Il paroît encore, selon M. Fleury, que, dans quelques siecles avant celui d'Arétin, on se servoit de certains caractéres, & que dès-lors on appella *notes*. Il est probable que ces notes se plaçoient sur huit cordes, comme dans la Gamme de saint Grégoire ; mais on ignore & leur nom & leur forme.

Enfin, à la Gamme de Saint Grégoire succéda celle de Gui Arétin, fidélement conservée par toute l'Eglise. Cette Gamme, toute simple qu'elle est, se trouve parfaitement suffisante. Par la différente forme & valeur que Gui donna aux notes, le Plain-Chant s'est trouvé, autant qu'il est possible, conforme à la prononciation du latin. Les syllabes longues & breves se sont chantées selon leur teneur ; & le Plain-Chant devenu aussi facile à apprendre, que susceptible de mesure, a été délivré de cette ancienne & dure maniere de chanter, & de prononcer (1).

---

(1) *His postremis temporibus, Benedicti VIII, Papæ, Guido Aretinus, professione Monachus, Musicus insignis innotuit, vocatus ab eodem Pontifice Romam. Hic enim, maximâ omnium admiratione, novam addiscendi Musicam, rationem invenit. Adeo ut puer, paucis mensibus, addisceret quod, pluribus annis, vix homo quilibet pollens ingenio, addiscere potuisset ; magnoque miraculo accidere videtur, ut pueri, senum, & magistrorum, magistri evaderent, &c. Cardinalis Baronius, t. 2, annalium ad annum Christi* 1022.

2°. Les deux demi-tons qui entrent nécessairement dans la composition de l'octave, ne peuvent mieux se concevoir que par l'Echelle de Gui, indiquée par M. le Beuf dans sa Méthode, ou plutôt dans son savant & curieux traité du Chant ecclésiastique, imprimé à Paris en 1741. On auroit desiré, pour la satisfaction des Connoisseurs & des Amateurs du Chant, enrichir cette nouvelle Méthode des recherches que ce respectable Ecclésiastique a faites dans les plus célebres Cathédrales & dans les plus fameuses Abbayes; mais elles auroient formé un volume trop considérable.

Distribution de cet Ouvrage.

On s'est borné, 1°. à l'Echelle de Gui, ci-dessus annoncée ; 2°. à ce qui regarde les principes & les regles du Plain-Chant en général; 3°. à ce qui regarde le Chant du Diocese de Rouen en particulier.

De l'Echelle, sur les degrés ou cordes, de laquelle sont placées les clefs, inventée, ainsi que les notes, par Gui Arétin ou d'*Arezzo* (1). Du demi-ton & du

---

(1) Il donna aux six premieres notes de sa Gamme des noms qu'il tira des premieres syllabes de chaque vers de la premiere strophe de l'Hymne de saint Jean-Baptiste, ainsi qu'il suit :

Ut queant laxis | *re*-sonare fibris | *mi*-ra gestorum | *fa*-muli tuorum, | *sol*-ve polluti | *la*-bii reatum. Hist. Univ. tome 2, page 24.

Le nom de *si* a été composé, sans doute, des deux premieres lettres des mots *Sancte Joannes*, qui terminent cette même strophe.

Les uns l'attribuent à M. le Maire ; les autres au P. Mersene, Religieux Minime.

POUR LE PLAIN-CHANT. 31

ton. Des intervalles de tierce majeure & de tierce mineure, de la variation des notes *si* & *mi*, & des douze demi-tons renfermés dans l'étendue de l'octave.

ARTICLE PREMIER.

1er Exemple de l'Echelle: du demi-ton & du ton.	ut si la sol fa mi re ut	Distance du demi-ton.	2e quarte.
		Distance du ton.	
		Distance du ton.	
		Distance du ton.	
		Distance du demi-ton.	1re quarte.
		Distance du ton.	
		Distance du ton.	

Par le peu de distance qu'on voit entre la corde sur laquelle est placée la clef d'*ut*, & la corde sur laquelle est placée la note *si*, il est facile de concevoir qu'il ne peut se trouver que ce qu'on appelle demi-ton.

Tel est, comme on le voit en ce premier Exemple, le peu de distance qui se trouve entre les cordes sur lesquelles sont placées les notes *fa* & *mi*.

Mais il n'en est point ainsi de la distance qu'il y a;

NOUVELLE MÉTHODE

en ce même exemple, entre la corde sur laquelle est placée la note *si*, & celle où est placée la note *la*. La distance, comme on le voit, étant doublée, elle renferme deux demi-tons qui forment ensemble un ton. Telle est la distance du *la* au *sol*, du *sol* au *fa*, du *mi* au *re*, & du *re* à l'*ut*.

ARTICLE II.

2e Exemple de l'Echelle: des intervalles, de la tierce mineure & de la tierce majeure.

ut		
si naturel, za, ou si ♭ mol.		Intervalle de la tierce mineure.
la		
sol ― ✕ diese.		Intervalle de la tierce majeure.
sol ― naturel.		
fa. ― ✕ diese.		
fa ― naturel.		
mi. ― naturel. ma, ou mi ♭ mol.		Intervalle de la tierce mineure.
re.		

On peut facilement distinguer, par ce second Exemple, l'intervalle de la tierce mineure d'avec celui d'une tierce majeure. La distance de l'*ut* au *la*, désigne l'intervalle d'une tierce mineure ; parce qu'entre ces deux notes *ut* & *la*, il ne peut se trouver que trois demi-tons ; savoir : de l'*ut* au *si* naturel, premier demi-ton ; du *si* naturel au *si* b mol, second demi-ton ; & du *si* b mol au *la*, troisieme demi-ton : lesquels trois demi-tons font ensemble ton & demi, & forment une tierce mineure. Il en est de même de la tierce *fa-re*.

Mais

POUR LE PLAIN-CHANT.

Mais il n'en est point ainsi du *la* au *fa*, en ce même Exemple ; elle désigne l'intervalle d'une tierce majeure ; parce qu'entre ces deux notes *la* & *fa*, il se trouve quatre demi-tons ; savoir du *la* au *sol* dièse, premier demi-ton ; du *sol* dièse au *sol* naturel, second demi-ton ; du *sol* naturel au *fa* dièse, troisieme demi-ton, & du *fa* dièse au *fa* naturel, quatrieme demi-ton : lesquels quatre demi-tons font ensemble deux tons, & forment une tierce majeure. Il en est de même des tierces *si-sol* & *mi-ut*.

ARTICLE III.

3e Exemple de l'Echelle : de la tierce mineure directe.

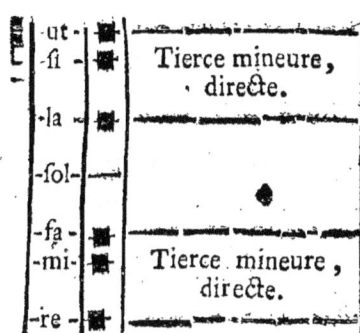

4ᵉ Exemple de l'Echelle : de la tierce mineure inverse.

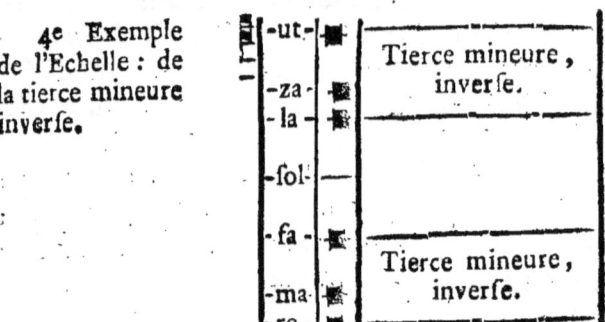

On voit, par les deux Exemples précédents, la différence d'une tierce mineure, directe, avec une tierce mineure, inverse.

Au troisieme Exemple, le demi-ton occupe la partie supérieure de la tierce.

Au quatrieme Exemple, le demi-ton en occupe la partie inférieure.

Cette derniere se fait par le changement de son, causé par le *b mol* devant les notes *fi* & *mi*.

On trouve encore cependant, dans la Gamme, des tierces mineures naturellement inverses ; savoir: *sol*, *fa*, *mi* ; & *re*, *ut*, *fi*.

ARTICLE IV.

Des douze demi-tons renfermés dans l'étendue de l'Octave.

5e Exemple de l'Echelle : des demi-tons.	ut			Compter en descendant, qui est le premier demi-ton.
	si	naturel.	1	
	za	♭ mol.	2	
	la		3	
	sol	✳ diese.	4	
	sol	naturel.	5	
	fa	✳ diese.	6	
	fa	naturel.	7	
	mi	naturel.	8	
	ma	♭ mol.	9	
	re		10	
	ut	✳ diese.	11	
	ut		12	

On voit, par ce cinquieme & dernier Exemple de l'Echelle de Guy Arétin (en partant de la corde où est la clef), que l'étendue de l'octave contient douze demi-tons. Quoique ces douze demi-tons ne soient pas tous désignés, comme ici, dans la Gamme ; cependant, lorsqu'on les connoît, on peut faire sentir, soit en chantant, soit en solfiant, ceux qui sont nécessaires aux modes du Chant, sur-tout dans les pieces du premier, du second, du cinquieme & du sixieme ton, où le b mol est souvent employé ; & dans celles des septieme & huitieme ton, où le *fa* est souvent diésé, pour éviter la fausse relation du *si* au *fa* en descendant, qui formeroit la fausse quinte ; & le triton du *fa* au *si* en montant, qui formeroit la quarte super-

E 2

flue : ce qu'on appelle en Plain-Chant *triton*. Le triton ne se souffre point dans le Plain-Chant ; il se souffre dans la Musique, sauvé par quelqu'accord.

SECONDE PARTIE.

Du Plain-Chant en général.

LE Plain-Chant est le nom que l'on donne dans l'Eglise romaine, au Chant ecclésiastique (1). Les Italiens le nomment *Canto fermo*, à cause des notes simples & quarrées qui le distinguent de la Musique ; & parce qu'il doit se chanter à voix ferme, & à tons faits & soutenus.

ARTICLE PREMIER.

Des clefs, des notes, des lignes ou cordes, du nom que doivent prendre les notes, en partant des clefs. De la forme & de la valeur des notes. Du b bémol. Du ✕ dièse. Du ♮ béquarre ou ♮ quarré. Des cordes sur lesquelles doivent être placées les clefs.

Des Clefs.

Il faut connoître certains caracteres auxquels on a donné le nom de Clefs. Il y en a de deux sortes ; savoir : la clef d'*ut*, faite ainsi ; & la clef de *fa*, faite de cette maniere .

Des Notes.

Il y a sept notes dans le Plain-Chant ; savoir :

---

(1) Rousseau, Dictionnaire de Musique, 2 vol. pag. 93.

ut, *re*, *mi*, *fa*, *sol*, *la*, *si*. Le second *ut*, à la clef, fait l'octave ou l'uni-son aigu (1), avec le premier, au bas de la Gamme.

Des Cordes ou Lignes.

Il n'y a que quatre Cordes dans le Plain-Chant, sur lesquelles, & entre lesquelles, se trouvent placées les sept notes ci-dessus dénommées. Il y en a cinq dans la Musique.

```
4. ─────────────────────
3. ─────────────────────  Cordes.
2. ─────────────────────
1. ─────────────────────
```

Du nom des Notes dans la Gamme.

Les Notes prennent leur nom, dans la Gamme, de la place qu'elles y occupent, ou sur les cordes, ou entre les cordes, en partant toujours de la clef.

Ainsi, lorsque la clef d'*ut* est placée, comme dans les exemples qui suivent, à la quatrieme corde, le premier *ut*, pour chanter la Gamme en montant, se trouve placé sous la premiere corde ; le *re* à la premiere corde ; le *mi* entre la premiere & la seconde corde ; le *fa* à la seconde corde ; le *sol* entre la seconde & la troisieme corde ; le *la* à la troisieme corde ; le *si* entre la troisieme & la quatrieme corde ; & le deuxieme *ut* à la quatrieme corde. Cet *ut* est censé recommencer une seconde octave, lorsque le Chant monte au-dessus

---

(1) Les Grecs, comme on l'a dit, l'appelloient *diapason* ; & le troisieme *ut*, ou la double octave *disdiapason*.

POUR LE PLAIN-CHANT. 39

Gamme de Gui Arétin.

Octave en montant.   Octave en descendant.

Ut, re, mi, fa, sol, la, si, ut.   Ut, si, la, sol, fa, mi, re, ut.

Nota. 1°. Toutes les notes, dans le Chant, qui se trouvent aux cordes des clefs portent le même nom des clefs; & donnent toutes le même son. 2°. Toutes les notes, dans l'usage de la Gamme & du Chant, qui se trouvent au même degré, soit du *re*, soit du *mi*, soit du *fa*, soit du *sol*, &c. donnent toutes aussi le même son.

De la forme & de la valeur des notes.

Il n'y a que trois sortes de notes employées à l'exécution du Plain-Chant en ce Diocese; lesquelles sont faites ainsi qu'il suit :

Longue.   Moyenne.   Losange.

L'on peut cependant trouver la note moyenne diversement employée dans le Plain-Chant. 1°. Elle est nécessaire devant une note losange, soit que son trait soit en montant, soit qu'il soit en descendant.

Premier Exemple.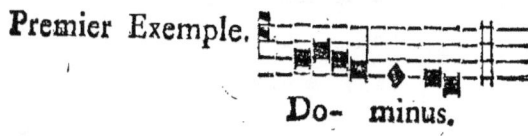

Do- minus.

40 NOUVELLE MÉTHODE

Second Exemple.

Do- minus.

2°. Souvent elle sert à lier ensemble deux notes distantes entr'elles, ou d'une quarte ou d'une quinte, mais appartenantes à la même syllabe. Lorsque le Plain-Chant monte, elle est ainsi placée ; lorsqu'il descend, elle est de cette manière . Alors aussi elle est de même valeur que celles qui la précedent & qui la suivent.

Premier Exemple.

De- us.

Second Exemple.

De- us.

De la valeur des notes.

Principe du nouveau Chant de Rouen. Selon le principe sur lequel est établi le nouveau Chant de Rouen, la premiere des trois notes désignées par longue, moyenne & losange, vaut un temps ou tient l'espace d'un temps; la seconde ne tient que les trois quarts d'un temps, & la troisieme n'en tient que la moitié. Par conséquent deux losanges ensemble tiennent l'espace d'un temps & se chantent également, c'est-à-dire, sans tenir plus long-temps sur l'une que sur l'autre.

Exemples.

Mais

POUR LE PLAIN-CHANT. 41

Mais, lorsque la note losange se trouve immédiatement précédée d'une note moyenne, elle ne tient alors qu'un quart de temps de la note longue; parce que la note moyenne, pour occuper les trois quarts de la note longue, emprunte à la losange la moitié de sa valeur naturelle. Toutes deux ne valent aussi ensemble que l'espace d'un temps; mais elles se chantent inégalement. Ce qui se voit, & s'apprend par l'usage du Chant.

Exemples.

En un mot, il n'y a de note breve dans le nouveau Chant de Roüen, que la note losange immédiatement précédée d'une moyenne; & cette losange alors appellée breve, sert à exprimer la briéveté de certaines syllabes dans quantité de mots.

Ce principe approche beaucoup de celui de la Musique, dans les mesures à deux & à trois temps, comme on le verra au Chant des Hymnes.

Du b mol, ou b rond.

Le b mol sert à faire baisser d'un demi-ton, le son de la note qui le suit au même degré.

Du ✕ Diese.

Le ✕ Diese sert à faire monter d'un demi-ton

le son de la note qui le suit au même degré (1).

Du ♮ Béquarre ou ♮ quarré.

Le ♮ béquarre sert à remettre dans son ton, ou son naturel, la note qui le suit au même degré.

Des Cordes au commencement desquelles doivent être placées les Clefs.

La clef d'*ut* pourroit être placée sur les quatre cordes; mais on ne la trouve placée, dans le Chant de ce Diocese, que sur trois.

Exemples.

La clef de *fa* pourroit être placée sur deux cordes; mais on ne la voit placée qu'à la troisieme.

Exemple.

---

(1) Le plus ancien manuscrit que j'aie lu sur le diese, dit M. Rousseau, est celui de Jean des Murs, célebre Musicien. Il pourroit bien, ajoute-t-il, l'avoir inventé.

ARTICLE II.

Du Ton & du Demi-Ton. Des Secondes. Des Tierces. Des Quartes. Des Quintes. Des Sixiemes ou Sixtes. De l'Octave. Des Intervalles.

Du Ton & du Demi-Ton.

UNE note seule n'est ni ton, ni demi-ton, mais seulement un son. Pour former un ton ou un demiton, il faut deux notes en deux degrés conjoints, comme *ut re*, *re mi*, pour le ton; & *mi fa*, & *si ut*, pour le demi-ton, comme on le voit au premier exemple de l'échelle.

Des Secondes.

Il y a deux sortes de secondes; la seconde majeure & la seconde mineure. La seconde majeure renferme deux demi-tons.

Ut re, *re mi*, *fa sol*, *sol la* & *la si*, sont des secondes majeures, parce qu'elles peuvent être divisées ou par le dièse, ou par le b mol. Par le dièse entre l'*ut* & le *re*; par le b mol entre le *re* & le *mi*, en montant, &c. &c..... On le peut voir dans l'étendue du cinquieme exemple de l'échelle.

La seconde mineure ne contient qu'un demi-ton qui, dans le Plain-Chant, ne peut être divisé ni affoibli.

Mi fa & *si ut*, sont des secondes mineures naturelles. On peut cependant faire d'autres secondes mineures dans l'usage du Plain-Chant, mais qui ne sont qu'accidentelles ou par le dièse, ou par le b mol: comme du *re* au *mi* b mol; du *fa* naturel au *fa* dieſe ; du *ſol* naturel au *ſol* dieſe ; du *la* ou *ſi* b mol, &c. &c. en montant. On le peut voir auſſi dans l'étendue du même exemple de l'échelle.

Des Tierces.

Il y a deux ſortes de tierces, la tierce majeure & la tierce mineure. La tierce, ſoit majeure, ſoit mineure, eſt compoſée de trois notes en dégrés conjoints.

La tierce majeure renferme deux tons. La tierce de l'*ut* au *mi* ; celle du *fa* au *ſol*, & celle du *ſol* au *ſi* naturel, en montant, ſont des tierces majeures. De l'*ut* au *re*, premier ton, & du *re* au *mi*, ſecond ton. Du *fa* au *ſol*, premier ton, & du *ſol* au *la*, ſecond ton, &c. On le peut voir dans l'étendue du premier, & du ſecond exemple de l'échelle.

La tierce mineure ne renferme qu'un ton & un demi-ton. Les tierces du *re* au *fa*, & du *la* à l'*ut*, en montant, ſont des tierces mineures. Du *re* au *mi*, un ton, & du *mi* au *fa*, demi-ton. Du *la* au *ſi*, un ton, & du *ſi* à l'*ut*, demi-ton. On le peut voir auſſi dans l'étendue du premier exemple de l'échelle.

On trouve cependant encore, dans la pratique du Chant, d'autres tierces qui deviennent, ou majeures, ou mineures, par le dieſe & par le b mol. Elles s'apprennent par l'uſage.

Des Quartes.

La quarte eſt compoſée de quatre notes en dégrés conjoints, & ne renferme que deux tons & un demi-ton.

Les quartes, en montant de l'*ut* au *fa*, du *re* au *ſol*, du *mi* au *la*, du *fa* au *ſi* b mol, & du *ſol* à

POUR LE PLAIN-CHANT.

l'*ut* de la clef, sont des quartes régulieres. De l'*ut* au *re*, premier ton, du *re* au *mi*, second ton, & du *mi* au *fa*, demi-ton, &c. On le peut voir dans l'étendue du premier exemple de l'échelle.

Une quarte dans laquelle se trouveroient trois tons, comme du *fa* au *fi*, en montant, feroit ce qu'on appelle *triton*, ou quarte superflue, mais qui ne se souffre point dans le Plain-Chant.

La quarte du *fa* au *fi*, en descendant, qu'on appelle fausse quinte, s'y rencontre, mais rarement. Elle se sauve en n'arrêtant point au *fi*, mais en passant droit à quelques notes suivantes, avant de faire la moindre interruption dans le Chant.

Exemple.

fausse quinte.

fa. fi. ou quinte diminuée.

Des Quintes.

La quinte est composée de cinq notes en degrés conjoints.

Il y a deux sortes de quintes : la quinte naturelle & la fausse quinte, ou quinte diminuée.

La quinte naturelle renferme trois tons & un demi-ton. La quinte de l'*ut*, en montant au *sol*, est une quinte naturelle. De l'*ut* au *re*, premier ton; du *re* au *mi*, second ton; du *mi* au *fa*, demiton, & du *fa* au *sol*, troisieme ton. Ainsi des quintes du *re* au *la*, du *mi* au *fi*, & du *fa* à l'*ut* de la clef. On les peut voir aussi dans l'étendue du premier exemple de l'échelle.

46 NOUVELLE MÉTHODE

La fausse quinte ou quinte diminuée n'est tolérable dans le Plain-Chant, si elle n'est sauvée par quelques modulations de Chant qui l'accompagnent, comme il vient d'être démontré du *fa* au *si*, en descendant.

Des Sixiemes ou Sixtes.

La sixieme est composée de six notes en degrés conjoints. Il y a deux sortes de sixiemes : la sixieme majeure & la sixieme mineure. De l'*ut*, en montant au *la* ; du *re* au *si* naturel, sont des sixiemes majeures. Elles renferment quatre tons & un demi-ton. De l'*ut* au *re*, premier ton ; du *re* au *mi*, second ton ; du *mi* au *fa*, demi-ton ; du *fa* au *sol*, troisieme ton, & du *sol* au *la*, quatrieme ton. Ainsi de la sixieme, du *re* au *si*.

La sixieme, en descendant, doit naturellement être mineure. Elle ne renferme que trois tons & deux demi-tons. La sixieme de l'*ut* à la clef, au *mi*, est une sixieme mineure. De l'*ut* à la clef, au *si*, premier demi-ton ; du *si* au *la*, premier ton ; du *la* au *sol*, second ton. Du *sol* au *fa*, troisieme ton, & du *fa* au *mi*, second demi-ton. Du *la* à l'*ut* au bas de la gamme, on en peut faire une sixieme mineure, par le moyen du diese à l'*ut*.

Exemple.

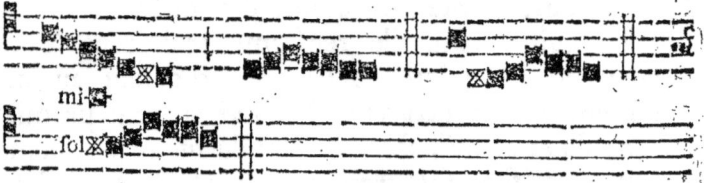

Nota. Les Septiemes ne sont guere en usage dans le Plain-Chant.

De l'Octave.

L'Octave est composée de huit notes en degrés conjoints. Elle renferme cinq tons & deux demi-tons, & contient deux quartes. La premiere, en montant, *ut*, *re*, *mi*, *fa*; la seconde, *sol*, *la*, *si*, *ut*. On les peut voir dans l'étendue du premier exemple de l'échelle.

Des Intervalles.

Il y a six sortes d'intervalles, dans la pratique du Chant; savoir : intervalles de tierces, de quartes, de quintes, de sixtes ou de sixiemes, & d'octaves.

INTERVALLES

On les connoîtra, & on les apprendra par les Gammes & les Leçons placées en leur lieu.

Il y a enfin neuf sortes de modulations en degrés conjoints, propres à l'exécution du Chant; savoir : l'uni-son, le demi-ton, le ton, la tierce mineure, la tierce majeure, la quarte, la quinte, la sixieme & l'octave.

Exemples.

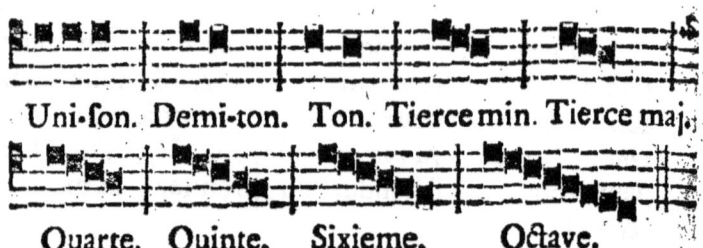

Ces mêmes modulations se trouvent répétées par l'usage, sur les autres degrés de la Gamme.

ARTICLE III.

Savoir solfier toutes sortes de pieces de Chant, selon les intervalles. Joindre les mots aux notes. Savoir solfier toutes les octaves. Observer les pauses, & les repos du Chant. Notes essentielles à chaque octave. Leçons sur chaque octave.

Savoir solfier, & selon les intervalles.

CE n'est point assez de savoir solfier par degrés conjoints, il faut encore se former une juste idée des six intervalles qui peuvent se rencontrer dans la pratique du Chant, & on ne peut se la former qu'en solfiant souvent.

Changer les sons de la voix, à-peu-près comme les notes montent & descendent, n'est ni solfier, ni chanter selon les intervalles : c'est chanter tantôt une tierce pour une quarte, tantôt une quarte pour une quinte, & tantôt une quinte pour une sixieme; c'est alors défigurer le Chant; &, si on chante en chœur,

chœur, c'est causer une honteuse cacophonie.

Pour apprendre à bien chanter, on ne peut donc trop s'appliquer à bien solfier, pour se former une juste idée des intervalles.

La maniere de bien solfier est de frapper également les notes de même valeur, c'est-à-dire de ne point rester plus long-temps sur l'une que sur l'autre. Rien ne seroit plus désagréable que d'entendre solfier rapidement & lentement tout-à-la-fois sur des notes qui doivent durer le même espace de temps.

Joindre les mots aux notes.

Pour chanter la note, en y joignant les mots, on doit suivre la regle, pour bien solfier ; &, si on chante en chœur, on doit avoir attention de frapper tous ensemble la même note, & de prononcer ainsi la même syllabe. (Mais, avant de faire chanter les mots avec les notes, il faut que les jeunes Eleves sachent solfier ou lire les notes aussi promptement qu'ils lisent ou le latin ou le françois : qui ne sait bien solfier, ne sait jamais bien chanter). Rien ne seroit plus choquant & plus ridicule que d'entendre ceux qui chanteroient ensemble la même piece, prononcer l'un après l'autre les syllabes qui composeroient le même mot. Commencer donc ensemble les mots, & les finir de même ; frapper ensemble les notes, & y joindre ainsi, en chantant, les syllabes des mots ; chanter enfin avec une telle union de voix, qu'elles semblent toutes n'en faire qu'une, c'est rendre au Plain-Chant son harmonie & sa beauté ; & c'est alors aussi que les Fideles, frappés de la beauté du Chant, assistent à l'Office divin avec beaucoup plus de piété.

G

Il ne suffit pas de savoir seulement solfier l'octave d'ut.

Ne savoir solfier que l'octave d'*ut*, qui est ordinairement la seule qu'on donne pour exercer les jeunes gens, c'est en quelque sorte ne savoir rien du Chant. Le Chant est composé de sept notes, & ces sept notes ont chacune leur octave particuliere ; savoir, l'octave d'*ut*, l'octave de *re*, l'octave de *mi*, l'octave de *fa*, l'octave de *sol*, l'octave de *la*, l'octave de *si*.

On les donnera toutes ci-après avec des leçons sur chacune.

Pour les bien apprendre, ainsi que les leçons, il ne faut point s'ennuyer de les solfier, jusqu'à ce qu'on se les ait rendues très-familieres.

Alors on sera en état de chanter toutes sortes de pieces ; & au-dessus de ces difficultés qui, à leur seul aspect, déconcertent ceux qui ne savent qu'imparfaitement, & qui en conséquence » causent » un tel désordre dans le Chant même, qu'il paroît » plutôt une querelle, un débat (comme le dit » *Arétin*), qu'un acte fait pour louer le Seigneur (1).

Et c'est de cette honteuse discorde, dans le Chant ecclésiastique, causée par l'ignorance, dont se plaignoit amérement le grand Cardinal *Bona*, dans son Traité sur la psalmodie (2).

---

(1) *Illud quoque quis non defleat, quod tam gravis est in sanctâ Ecclesiâ error tam periculosa discordia, ut, quando divinum celebramus Officium, sæpe non Deum laudare, sed inter nos certare, videamur.* Guido Aretinus *in Prologo prosaïco Antiphonarii.*

(2) *Pudet me, plerosque Ecclesiasticos, viros totius vitæ cursu, in cantu versari ; ipsum vero cantum, quod turpe est ignorare.* Cardin. Bona *de divinâ Psalmodiâ*, c. 17, *Sef. 3.*

Plusieurs actes des Conciles, ci-après cités, montrent avec quelle ardeur l'Eglise s'est toujours intéressée à la science du Chant.

Celui d'un Concile d'*Aix* prouve combien la science du Chant, & la décence dans le Chant, pour la majesté du culte divin, & pour l'édification des Fideles, étoient recommandées; & combien le Concile desiroit de voir succéder l'union à la discorde & à la mésintelligence dans le Chant ecclésiastique, causées par le peu d'instruction (1).

Celui d'un Concile de *Milan* veut qu'on ait soigneusement égard, non-seulement à la vertu & à la capacité de ceux qui se présentent aux Ordres, mais encore à leur science dans le Chant (2).

Le Concile de *Latran*, tenu sous Innocent III, met le Chant à la tête des choses qu'un Ecclésiastique doit absolument savoir, pour remplir dignement les fonctions attachées à son état (3).

Et le Concile de *Trente* ordonne, sous la loi la plus stricte, que tous les Ecclésiastiques sachent chanter eux-mêmes en chœur, & rendre à Dieu, par le Chant des Hymnes, des Pseaumes & des

---

(1) *Tales ad legendum, cantandum & psallendum in Ecclesiâ constituantur qui non superbè, sed humiliter, debitas Deo laudes persolvant; & suavitate lectionis ac melodiæ, & doctos demulceant, & minùs doctos erudiant.... qui vero hæc doctè peragere nequeunt, erudiantur à Magistris; & instructi hæc adimplere studeant, ut audientes ædificent.* Concile d'Aix, lib. 1, c. 133.

(2) *Videat Episcopus quàm diligentissimè, ut in illis initiandis observetur, non solùm eorum virtus & litterarum scientia, sed etiam Cantûs peritia*, cinquieme Concile de Milan, c. 5.

(3) *Qui non callet Cantum, aut aliquid Officio suo exercendo necessarium, non debet illud suscipere, &c.... Quod si nequeat vel nolit addiscere, privandus est ejusmodi beneficio vel officio.* Concile de Latran, c. 27.

Cantiques, les louanges qui lui sont dues (1).

Des Pauses dans le Chant.

On le répete ici, frapper ensemble la même note, & prononcer ainsi les syllabes des mots, c'est rendre au Chant son harmonie & sa beauté. Cependant la parfaite exécution du Chant demande encore d'observer uniformément les pauses, lorsqu'elles se rencontrent, ou pour le sens des paroles de l'écriture, ou pour fixer les repos de la voix, ou pour faire sentir la différence & la beauté des modulations.

C'est le moyen, dit le célebre *Kyrcher*, de rendre au Chant ecclésiastique toute sa majesté, & forcer en quelque sorte les assistants d'élever leur ame jusqu'au trône du *Très-Haut* (2).

Les pauses sont nécessaires, dit saint Augustin, parce que l'accord des voix qui est la piece la plus nécessaire au Chant & à l'harmonie, ne peut se conserver, ni s'entretenir entre plusieurs qui chantent, si les pauses, si les silences, si les repos ne sont ponctuellement & uniformément observés; &, qui ne les observeroit pas, ajoute-t-il, blesseroit les oreilles, & mettroit le trouble dans le chœur (3).

---

(1) *Compellantur omnes verò, divina per se, & non per substitutos, compellantur obire officia; atque in choro ad psallendum instituto, Hymnis & Canticis Dei nomen reverenter, distinctè ac devotè laudare.* Concile de Trente, Sess. 24, c. 12.

(2) *Est igitur Cantus ecclesiasticus plenus majestate; & nescio quam vim animas in Deum concitandi possidet; præsertim cum decore & studio peragatur.* Kiercherus, tome 1, Musurgia universalis, lib. 7, c. 3.

(3) *Concinit enim qui consonat; qui autem non consonat, non concinit.* Sanctus Augustinus in psalmum 72.

Si in choro cantemus, concorditer cantemus: in choro enim cantantium quisque voce discrepat, offendit auditum, & perturbat chorum. Sanctus Augustinus in Psalmum 149.

POUR LE PLAIN-CHANT.

Les affections de son cœur, comme il le dit au neuvieme livre de ses Confessions, la tendre piété dont il sentoit son ame pénétrée, les larmes qui couloient de ses yeux, lorsqu'il entendoit rendre dignement au Seigneur, & avec tout l'art convenable, les louanges qui lui sont dues, sont certainement une image parfaite des sentiments que lui inspiroit la beauté du Chant de l'Eglise (1).

Des Notes essentielles à chaque Octave.

Les notes essentielles à chaque octave sont : la premiere nommée tonique & finale, c'est-à-dire d'où part & doit partir le Chant, & où il revient naturellement finir. La troisieme, nommée médiante, par laquelle le mode du Chant se fait sentir. La cinquieme, nommée dominante, sur laquelle le chant doit quelquefois reposer, pour faire sentir l'harmonieuse relation entr'elle & la premiere. La huitieme enfin, nommée octave, & qui fait l'uni-son aigu avec la premiere, ou ce que nomment les *Grecs* diapason.

Les notes sont chiffrées au commencement de chaque octave, & sont placées aux degrés qu'elles doivent occuper dans les portées.

On appelle portée, les quatre cordes sur lesquelles & entre lesquelles sont placées les notes.

---

(1) *Quantùm flevi in Hymnis & Canticis tuis, Domine, suavè sonantis Ecclesiæ tuæ vocibus commotus acriter! voces illæ influebant auribus meis; & eliquabatur veritas tua in cor meum: & exestuabat inde affectus pietatis; & currebant lacrymæ, & benè mihi erat cum eis.* Sanctus Augustinus, libro 9 Confessionum, c. 6.

Ut, re, mi, fa, sol, la, si, ut.   Ut, si, la, sol, fa, mi, re, ut.

Octave de suite avec le b mol *sur le* si.

Ut, re, mi, fa, sol, la, za, ut.   Ut, za, la, sol, fa, mi, re, ut.

On ne met point d'octave avec le *b mol* sur le *mi*, parce qu'il se trouve plus rarement, & seulement dans les endroits où il est nécessaire.

Secondes en montant.

Secondes en descendant.

Tierces en montant.

Tierces en descendant.

Quartes en montant.

POUR LE PLAIN-CHANT. 55

Quartes en descendant.

Quintes en montant.

Quintes en descendant.

Intervalles de Tierces.

Intervalles de Quartes.

Intervalles de Quintes.

Intervalles de toutes façons en partant toujours de l'Ut.

Pour maintenir le Chant de toutes les octaves & de toutes les leçons à la même hauteur, il faut les commencer toutes sur le ton ou le son de la premiere octave, c'est-à-dire du premier *ut*.

OCTAVE D'*UT*,

Tierce majeure ou ton majeur.

Les doubles notes, pour terminer toutes les leçons, en annoncent la fin, & signifient qu'on leur doit donner le double du temps des notes simples.

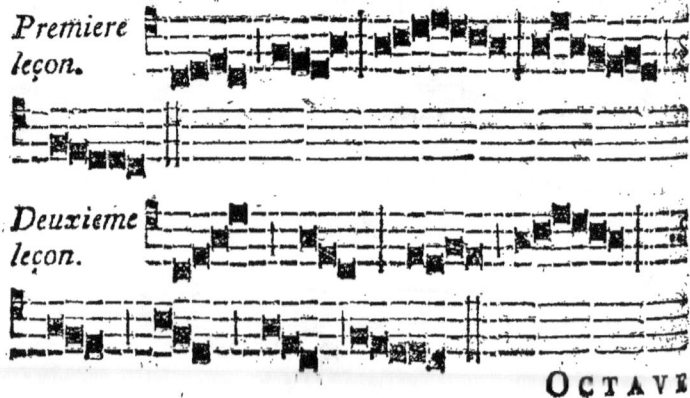

POUR LE PLAIN-CHANT.   57

Nota. Vu qu'il n'a point été possible de placer les chiffres, à la tête des octaves, avant les leçons, vis-à-vis les notes essentielles à chaque octave, comme il est annoncé, on aura recours, pour connoître ces mêmes notes, aux quatre premieres des secondes leçons sur chaque octave. Elles sont pour l'octave suivante, 1°. le *re* ou note tonique ; 2°. le *fa* sa tierce ou médiante ; 3°. le *la* sa quinte ou dominante ; 4°. le *re* dessus ou son octave. Pour l'octave du *mi*, 1°. le *mi* tonique ; 2°. le *sol*, médiante ; 3°. le *si* dominante ; 4°. le *dessus*, octave. Ainsi des autres.

OCTAVE DE RE.

Tierce mineure directe & ton mineur.

Il faut bémoliser le si en descendant.

Premiere leçon.

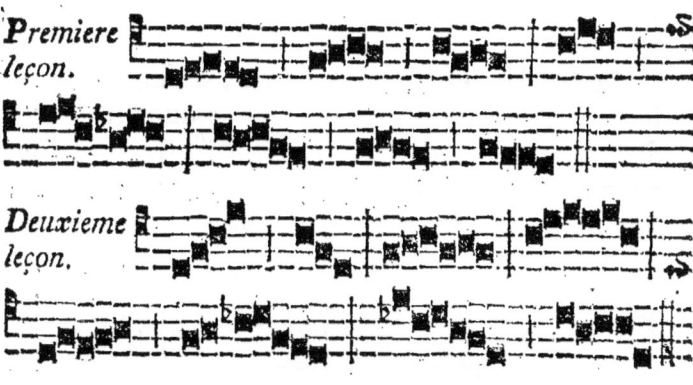

Deuxieme leçon.

OCTAVE DE MI.

Tierce mineure inverse.

Il ne faut faire qu'un demi-ton entre les deux premieres notes de l'octave & de la premiere leçon.

H

NOUVELLE MÉTHODE

Premiere leçon.

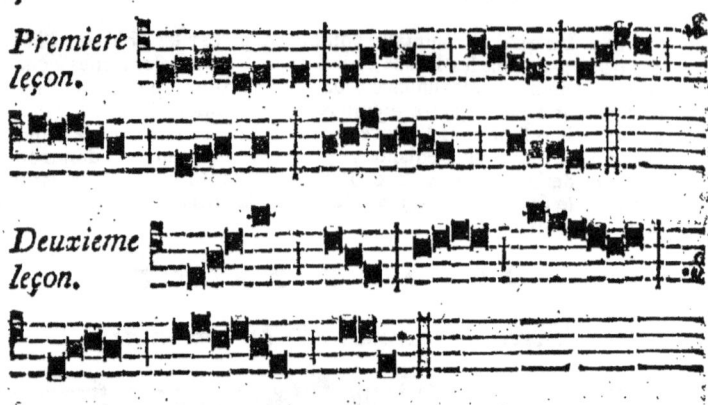

OCTAVE DE *FA*.

Tierce majeure ou ton majeur.

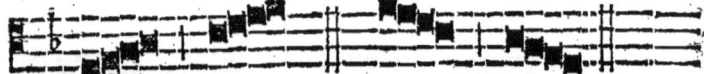

Quand la clef est armée du *b*, il sert pour toutes les notes sur son degré ; à moins que quelque modulation de Chant ne demande le *fi* naturel, comme en la seconde leçon ci-dessous ; alors on replace le *b* à son degré, cette modulation solfiée. Il en est de même du dièse.

Premiere leçon.

Deuxieme leçon.

POUR LE PLAIN-CHANT.

OCTAVE DE SOL,
Tierce majeure ou ton majeur.

OCTAVE DE LA.
Tierce mineure ou ton mineur.

NOUVELLE MÉTHODE

OCTAVE DE SI,

Tierce mineure inverse & ton mineur.

Il ne faut faire qu'un demi-ton entre les deux premieres notes de l'octave, & dieser le *fa*, pour sauver ou éviter le triton qui se trouveroit entre le *fa* & le *si*, en montant.

Les leçons suivantes sont données pour apprendre à solfier les pieces du sixieme & du second ton, parce que ces deux tons ne suivent point la regle des autres, & descendent d'une quarte, quelquefois même d'une quinte, au-dessous de leur note tonique. Il faut en élever les tierces qui leur servent, & de médiante, & de dominante, à la hauteur des dominantes du premier & du cinquieme ton, c'est-à-dire à la troisieme corde de la gamme. Alors, non-seulement l'uni-son se trouvera gardé, mais le Chant se trouvera aussi renfermé dans l'étendue de la voix naturelle.

POUR LE PLAIN-CHANT.

OCTAVE DE *FA*,

en sixieme ton.

Premiere leçon.

Deuxieme leçon.

OCTAVE DE RE.

En deuxieme ton.

Premiere leçon.

Deuxieme leçon.

ARTICLE IV.

Des Barres ufitées dans le Chant. Du Guidon au bout de chaque portée. De l'Etoile & de la Croix dans les Répons. Du mode majeur & du mode mineur. Des tons réguliers. Des tons mixtes. Des tons authentiques & des tons plagaux. Du fentiment d'Arétin fur la diverfité des tons, & fur la compofition.

Des Barres.

Il doit y avoir trois fortes de barres dans le Plain-Chant. La petite qui ne doit s'étendre que fur les deux cordes au milieu de la portée. La grande qui doit s'étendre fur toute la portée, & la double barre qui eft de même étendue.

Exemples.

La petite ne fert que pour refpirer ; elle n'eft point cenfée retarder la mefure du Chant, ni rompre les mots chargés de notes dans lefquelles elle peut fe trouver, comme aux leçons précédentes: il faut prendre garde de refpirer aux dépens de la

POUR LE PLAIN-CHANT.

note qui la suit, mais toujours de celle qui la précede, à laquelle on ne donne en conséquence qu'un demi-temps : le reste se passe à respirer.

La grande barre annonce tantôt une pause, pour faire sentir l'harmonie du Chant, tantôt un silence pour le sens de l'écriture ; ce silence nourrit l'esprit & anime la piété. Ce silence doit durer l'espace d'un temps, pendant lequel on reprend haleine ; & la note qui précede la grande barre doit être chantée selon toute sa valeur ; ce qui contribue beaucoup à faire la pause telle qu'elle doit être.

Exemples du respir marqué par une note losange & une petite barre, & de la pause, marquée par une grande barre.

Explication de la mutation du Chant, par les différentes modulations dans la même piece.

Premier Exemple, en premier ton.

La premiere partie du Chant, désignée par la lettre *a*, marque des modulations dans l'octave de *re*, en premier ton. La seconde, par la lettre *b*, marque des modulations dans l'octave de *fa*, en cinquieme ton, quoique la clef soit à la quatrieme corde. La troisieme, par la lettre *c*, marque des modulations dans l'octave de *la*, en quatrieme ton, dans laquelle le *fi* est naturel. La quatrieme, par la lettre *d*, marque encore des modulations dans l'octave de *fa*, mais en sixieme ton. La cinquieme enfin, par la lettre *e*, marque des modulations dans l'octave de *re*, pour finir en premier ton.

La première partie du Chant, désignée par les lettres *f--f*, marque des modulations dans l'octave de *fa*, en cinquieme ton. La seconde, par les lettres *g--g*, marque des modulations dans l'octave de *sol*, en septieme ton. La troisieme, par la lettre *h*, marque aussi des modulations dans l'octave de *sol*, mais en huitieme ton. La quatrieme enfin, par la lettre *i*, marque des modulations dans l'octave de *fa*, pour finir en cinquieme ton.

Deuxieme Exemple, en cinquieme ton.

On voit donc, par ces deux exemples, que, dans un Répons, ou toute autre piece un peu longue, de quelque ton qu'elle soit, on trouve différentes modulations de Chant qui partent, chacune en particulier, des octaves des sept notes *ut*, *re*, *mi*, *fa*, *sol*, *la*, *si*, comme on l'a annoncé dans l'avertissement à la tête de ce livre, pour varier le Chant; &, lorsqu'il est possible, rendre aux mots leur énergie. Mais il faut observer, 1°. de ne jamais faire de pause dans le cours du même mot; la pause étant une suspension d'un temps entier qui passe dans le silence pour reprendre haleine, ou pour faire sentir le sens de l'Ecriture; 2°. de ne pas respirer, autant qu'il est possible, dans le passage d'une syllabe à une autre, appartenantes au même mot, mais entre deux notes appartenantes à la même syllabe; 3°. de ne jamais forcer sa voix, pour vouloir dominer : rien de plus désagréable qu'une voix forcée. D'ailleurs, en forçant sa voix, on chante toujours faux; 4°. de bien prononcer.

La double barre exige le même espace de temps que la grande. Elle marque tantôt l'intonation & la fin d'une piece, tantôt le commencement & la fin d'un verset, & du *Gloria Patri*, &c. dans les Introïts, Répons, Graduels, &c.

Du Guidon.

Le Guidon dans le Plain-Chant est ordinairement

une demi-note; il indique le degré de la Gamme auquel eſt la premiere note de la portée ſuivante. La figure dont on ſe ſert ici indique également la même choſe.

De l'Etoile * & de la Croix †.

L'étoile (ou petit aſtérique) ſert à marquer, dans la Pſalmodie, le lieu de la médiante de chaque verſet, & dans les Répons la premiere réclame du Chant, & la croix ſert à marquer, dans les mêmes Répons, la ſeconde réclame.

Du mode majeur & du mode mineur.

L'on ſe ſert ordinairement du terme de *ton*, pour déſigner un mode; mais le terme de *ton* n'indique, en ce ſens, que la note tonique, c'eſt-à-dire la premiere qui commence ordinairement le Chant. Le terme de mode, ſoit majeur, ſoit mineur, détermine la tierce de toute piece de Chant, ſur laquelle le Chant même doit commencer ſes modulations & les finir.

Pour bien entonner une piece de Chant, il faut donc néceſſairement faire attention à la tierce qui en fixe ou détermine le mode.

Qui chanteroit une tierce majeure, en partant du *re*, pour entonner une piece de Chant du premier ton qui eſt de mode mineur, entonneroit, malgré lui, du cinquieme ton : comme qui chanteroit une tierce mineure, en partant du *fa*, pour entonner une piece de Chant du cinquieme ton qui eſt de mode majeur, entonneroit, malgré lui, du premier. Ainſi de l'intonation des autres pieces.

Des tons réguliers.

Il y a huit tons ou huit manieres de moduler le Chant eccléſiaſtique. Ces huit tons ſont le premier, le ſecond, le troiſieme, le quatrieme, le cinquieme, le ſixieme, le ſeptieme & le huitieme.

POUR LE PLAIN-CHANT. 67

Des Chants mixtes.

Une piece de Chant, pour être réguliere, dit M. Oudoux, doit renfermer ses modulations dans les bornes de l'octave. On regarderoit même aujourd'hui comme mauvais Compositeur qui s'écarteroit de ce principe. Cependant il est quelquefois permis, ajoute-t-il, de donner aux expressions vives & sensibles une note de plus dans le haut ou dans le bas de la piece : mais passer d'un ton authentique dans son plagal, ou d'un ton plagal dans son authentique, donneroit, comme on le va voir dans les leçons suivantes, trop d'étendue à la piece, & la mettroit dans le cas de ne pouvoir être bien exécutée, c'est-à-dire à sons pleins & naturels : certaines modulations excéderoient trop la portée des voix communes, & d'autres descenderoient trop bas pour ces mêmes voix.

PREMIER EXEMPLE

L'ut de la clef à la hauteur du la.

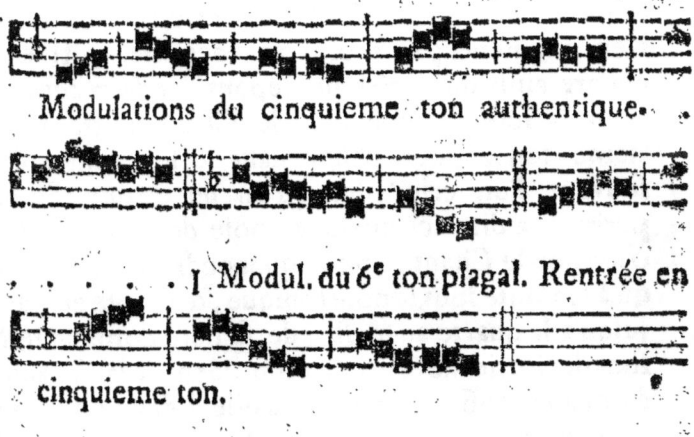

Modulations du cinquieme ton authentique.

I Modul. du 6ᵉ ton plagal. Rentrée en cinquieme ton.

NOUVELLE MÉTHODE
DEUXIEME EXEMPLE.

Troisieme corde ou dominante, au la.

Modulation du sixieme ton plagal. . . . .

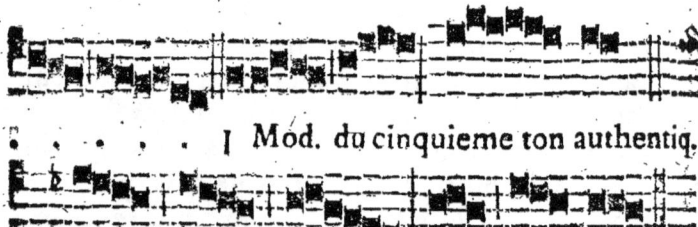

. . . . . Mod. du cinquieme ton authentiq.

Rentrée en sixieme ton.

Il en est de même du Chant du Kyrie de la Messe de la Passion, où le Chant commence du second ton & finit du premier : de certains Graduels qui commencent du sixieme ton, & dont les versets passent dans le cinquieme. Comme le Chant auroit monté jusques dans la portée de dessus à travers les mots, on a descendu la clef à la troisieme corde, à l'entrée de ces versets ; mais les voix n'en montent pas moins excédemment. Il en est encore ainsi du verset au Répons *Verbum caro*, &c. pour la fête de Noël, où le Chant quitte le huitieme ton, pour passer dans le septieme, & où souvent l'on crie plus qu'on ne chante. Seroit-il permis de dire ici quelque chose de la Prose *Lauda Sion*, où le Chant, en quelques endroits, descend jusqu'à la quinte sous sa note tonique, & monte en d'autres jusqu'à la quarte au-dessus de sa note dominante ? Ce sont des sorties de ton qu'il est prudent de laisser aujourd'hui à la musique, parce qu'elle a des voix propres à l'exécution des parties excédentes la gamme, soit au-dessus, soit au-dessous.

POUR LE PLAIN-CHANT.

Exemples.

Dies e- nim, &c. A fu-mente, &c.

Mais...... ces pieces de Chant font respectables par leur antiquité : qui oferoit y toucher ?... Ce font encore fans doute de précieux fragments de l'ancienne mufique des *Grecs*, où (comme il fe pratique auffi très-fagement dans celle de nos jours) chacun prenoit la partie du Chant convenable à fa voix. Les groffes voix chantoient la partie au-deffous de la taille ; les moyennes ou communes, la taille, c'eft-à-dire le milieu du Chant ; & les hautes & les puériles, les parties au-deffus de la taille. Mais aujourd'hui tout le monde chante & dans toute l'étendue du Chant des pieces, & du commencement à la fin : l'étendue du Plain-Chant doit donc être à la portée de tout le monde ; & tout le monde, généralement parlant, peut chanter l'étendue de l'octave au degré des voix communes, c'eft-à-dire la taille. D'ailleurs une voix au-deffous de fon étendue ne peut produire que des fons à demi formés, comme une voix au-deffus de fon étendue ne peut rendre que des fons forcés & durs à l'oreille.

Des tons Authentiques & des tons Plagaux.

Les quatre tons Authentiques font ainfi appellés, parce qu'ils font les premiers, & que d'eux font fortis les Plagaux. Les tons Authentiques, dit M. Saché, Supérieur au Séminaire de *Lifieux*, dans fon Traité des tons de l'Eglife, imprimé en 1680, prennent leurs noms des Provinces de l'Afie mineure, la Dorie, la Phrygie, la Lydie & la Myxolidie.

Le premier nommé Dorien, pour le premier ton: le second nommé Phrygien, pour le troisieme ton: le troisieme nommé Lydien, pour le cinquieme ton: & le quatrieme nommé Myxolidien, pour le septieme ton.

Les quatre tons Plagaux sont, le second ton, & se nomme Sous-Dorien; le quatrieme ton, & se nomme Sous-Phrygien; le sixieme ton, & se nomme Sous-Lydien; & le huitieme ton, & se nomme Sous-Myxolidien.

Les tons Authentiques & les tons Plagaux sont les mêmes quant aux modes. Le premier & le second sont des tons mineurs: le troisieme & le quatrieme sont aussi des tons mineurs. Le cinquieme & le sixieme sont des tons majeurs; & le septieme & le huitieme sont aussi tons majeurs.

Les tons Authentiques montent ordinairement à la quarte sur leur note dominante, & ne descendent qu'à la seconde sous leur note tonique ou finale.

Les tons Plagaux ne montent ordinairement qu'à la tierce sur leur dominante; mais ils descendent quelquefois jusqu'à la quinte sous leur note tonique ou finale.

Sentiment de Gui Arétin sur la diversité des tons, & sur la composition.

Celui qui veut composer, dit-il, doit, 1°. faire attention à son sujet; 2°. examiner le sens des paroles de son texte; 3°. donner au sens des paroles de son texte un mode qui lui convienne, & des modulations qui rendent aux mots leur énergie.

Chaque ton, ajoute-t-il, a sa mélodie particuliere; & la diversité des tons & des modes excitent dans l'ame divers mouvements, différentes sensations,

POUR LE PLAIN-CHANT. 71

& de bien sensibles affections, ajoute Rousseau.

Pour rendre enfin cette nouvelle Méthode aussi intéressante qu'utile, on a donné ici, pour la satisfaction de MM. les Ecclésiastiques & autres, la maniere d'accorder le clavessin : on n'a pas toujours à sa commodité un Facteur, sur-tout dans la campagne. Il faut commencer, 1°. par mettre le deuxieme *ut* du clavier à ton juste ; delà monter ou prendre le *sol* de dessus, lui donner la quinte avec l'*ut*, & de ce *sol* descendre au *sol* sous l'*ut*, pour lui donner l'uni-son grave avec le premier ; 2°. de ce premier *sol* monter ou prendre le *re* de dessus, lui donner la quinte avec le *sol*, & de ce *re* descendre au *re*, près l'*ut* accordé, & lui donner l'uni-son avec le premier ; 3°. de ce *re*, près l'*ut*, monter ou prendre le *la* de dessus, lui donner la quinte avec le *re*, & de ce *la* descendre au *la* sous l'*ut*, & lui donner l'uni-son avec le premier ; 4°. du premier *la* accordé monter ou prendre le *mi* naturel de dessus, lui donner la quinte avec le *la*, & du *mi* accordé descendre au *mi* naturel, près le *re*, pour lui donner l'uni-son ; 5°. de ce *mi* naturel, près le *re*, monter ou prendre le *si* naturel de dessus, lui donner la quinte avec le *mi* naturel, & du *si* naturel accordé descendre au *si* naturel sous l'*ut* accordé, pour lui donner l'uni-son ; 6°. du premier *si* accordé monter ou prendre le *fa* diese de dessus, lui donner la quinte avec le *si* naturel, & du *fa* diese accordé, descendre au *fa* diese sur l'*ut* accordé, pour lui donner l'uni-son ; 7°. du *fa* diese sur l'*ut* accordé, monter ou prendre l'*ut* diese de dessus, lui donner la quinte avec le *fa* diese, & de l'*ut* diese accordé, descendre à l'*ut* diese, près le premier *ut* accordé, pour lui donner l'uni-son ; 8°. du premier *ut* diese accordé, monter ou prendre le *sol* diese de dessus, lui donner la quinte avec ce premier *ut* diese accordé, & de ce *sol* diese accordé descendre au *sol* diese. octave pour lui donner l'uni-son ; 9°. de ce *sol* diese, dernier accordé, monter ou prendre le *mi* bémol de dessus, lui donner la quinte avec le *sol* dièse, & du *mi* bémol accordé, descendre au *mi* bémol octave, pour lui donner l'uni-son ; 10°. du *mi* bémol, dernier accordé, monter ou prendre le *si* bémol de dessus, lui donner la quinte avec le *mi* bémol, & de ce *si* bémol accordé, descendre au *si* bémol octave, pour lui donner l'uni-son ; 11°. du dernier *si* bémol accordé, monter au *fa* naturel, lui donner la quinte avec le *si* bémol, & du *fa* naturel descendre au *fa* octave pour lui donner l'uni-son ; 12°. & du *fa* naturel premier accordé, monter à l'*ut* naturel de dessus, lui donner la quinte avec le *fa* naturel, & de ce dernier *ut* descendre au premier *ut* mis à ton.

Partition de l'octave finie, extraite du Dictionnaire de Rousseau.

Le reste du clavier, où l'on n'aura point touché, s'accordera à l'octave des cordes accordées, tant dans les dessus que dans la basse, si l'on ne veut prendre le parti de répéter cette partition sur tout le clavier, & voir ensuite si toutes les octaves sont justes. Mais, pour bien faire la partition ci-dessus démontrée, il faut bien savoir, 1°. ce que c'est que l'accord de quinte, afin de ne le faire ni trop fort ni trop foible ; 2°. il faut savoir ce que c'est qu'uni-son à l'octave. Le moyen de le trouver, est, ou en relâchant un peu la corde qu'on met à l'uni-son avec son octavienne accordée, si on la sent un peu trop haute, ou en la tendant un peu, si on la trouve un peu trop basse. Il faut, en un mot, que ces deux cordes soient tellement unies en sons, qu'elles semblent n'en faire ensemble qu'une seule, & qu'on ne puisse entendre qu'un seul son,

TROISIEME

TROISIEME PARTIE.

Du Chant du Diocèse de Rouen.

Article premier.

Des regles à observer pour bien conduire le Chant, selon la dignité des Fêtes, & à la même hauteur. De la Pſalmodie. De l'Intonation du premier verſet des Pſeaumes. Des Dominantes & des finales pour les huit tons. Des Lettres qui indiquent la différence des terminaiſons de chaque ton. De l'Intonation des huit tons réguliers & des irréguliers, avec toutes leurs finales. Des Regles pour la Pſalmodie. Des formules pour les médiantes & les terminaiſons, aux verſets des Pſeaumes & des Cantiques. De l'uniſſon dans la Pſalmodie. Du Faux-Bourdon. Des Neumes.

Regles pour bien conduire le Chant.

LE bon ordre faiſant partie de la décence avec laquelle on doit célébrer l'Office divin, le Chantre, ou celui Prépoſé en ſa place pour régir le Chœur, doit obſerver de conduire le Chant ſelon la dignité des Fêtes, en faiſant chanter plus haut & plus gravement dans les Solemnités que dans les Fêtes ſimples, &c. & de faire attention à la portée des voix qui compoſent le Chœur : de ne pas entonner trop haut, s'il eſt compoſé, en grande partie, de groſſes voix qui ordinairement ſoutiennent le

K

Chant : d'étudier l'étendue des pieces, afin qu'elles puissent être chantées à la même hauteur. Il doit encore observer que tous les Offices de la même Fête ne doivent point se chanter à la même hauteur ou dominante. Matines, Laudes & Vêpres sont des Offices solemnels. Les Petites-Heures, Primes, Tierces, Sextes, Nones & Complies doivent se chanter un ton plus bas.

De la Psalmodie.

Le Chant de la Psalmodie (qu'on ne prend point ici comme simple récitation) est composé de ce qu'on appelle intonation, teneur, médiante & terminaison.

L'intonation est une premiere composition ou modulation de Chant, qui annonce le ton dans lequel le Chœur va chanter le Pseaume marqué.

La teneur est ce qui se chante à l'uni-son, depuis l'intonation jusqu'à la médiante, & depuis la médiante jusqu'à la terminaison.

La médiante est une seconde composition ou modulation de Chant, vers le milieu de chaque verset, qui détermine le ton du Pseaume que le Chœur chante : c'est pourquoi on doit donner aux notes qui la composent toute leur valeur, & rester un peu plus sur la pénultieme, pour annoncer la pause au milieu de chaque verset : pause, on le répete, qui ne doit jamais être omise, & qui doit durer l'espace d'un temps, pendant lequel il doit se faire un silence total. On doit aussi rester un peu plus sur la pénultieme de chaque terminaison, parce qu'elle en annonce la fin. C'est pourquoi on a placé des notes doubles aux pénultiemes pour les mots de deux syllabes, & aux antépénultiemes pour les mots de trois syllabes, tant à la fin des médiantes, qu'à **la fin des terminaisons.**

La terminaison est une troisieme composition de Chant qui indique la maniere de finir chaque verset.

Les Pseaumes enfin se chantant à deux Chœurs, un côté du Chœur ne doit jamais commencer à chanter son verset, qu'il n'ait entendu prononcer la derniere syllabe, & frapper la derniere note du verset chanté par l'autre côté; ce qu'on doit observer aussi à la fin des versets des Cantiques & des Strophes dans les Hymnes.

De l'Intonation du premier verset des Pseaumes.

Il n'y a que le premier verset des Pseaumes qui se commence par l'intonation : tous les autres se commencent ou se prennent à la dominante, & la médiante de ces versets se chante aussi plus simplement.

Mais les trois Cantiques évangéliques *Benedictus* à Laudes, *Magnificat* à Vêpres, & *Nunc dimittis* à Complies, se chantant d'une maniere plus solemnelle, on en doit commencer tous les versets par l'intonation.

Des dominantes & des finales des tons, tant réguliers qu'irréguliers.

Le premier ton a pour dominante le *la*, & pour finale le *re*.

Le second ton a pour dominante le *fa*, & pour finale le *re*.

Le troisieme ton a pour dominante l'*ut*, & pour finale le *mi*.

Le quatrieme ton a pour dominante le *la*, & pour finale le *mi*.

Le cinquieme ton a pour dominante l'*ut*, & pour finale le *fa*.

Le sixieme ton a pour dominante le *la*, & pour finale le *fa*.

Le septieme ton a pour dominante le *re*, au-dessus de la clef, & pour finale le *sol*.

Le huitieme ton a pour dominante l'*ut*, & pour finale le *sol*.

Pour rendre cette regle plus facile à apprendre & retenir, on la répete dans les deux lignes suivantes.

Un, *re la*. Deux, *re fa*. Trois, *mi ut*. Quatre, *mi la*. Cinq, *fa ut*. Six, *fa la*. Sept, *sol, re*. Huit, *sol ut*.

Des Lettres qui indiquent les différentes terminaisons.

On connoît la différence des terminaisons aux versets, tant des Pseaumes que des Cantiques, par les voyelles e u o u a e, tirées des mots *seculorum amen*.

Pour le premier ton.

Le petit d & le grand D marquent la note finale en *re* : la petite f & la grande F en *fa*, & le petit a en *la*.

Pour le deuxieme ton.

Le petit d marque la finale en *re*, pour la premiere maniere de le chanter ; & le grand D marque aussi la finale en *re*, pour la seconde maniere.

Pour le troisieme ton.

Le petit c marque la finale en *ut* : le petit a & le grand A, en *la* : le g, en *sol*, & l'e, en *mi*.

Pour le quatrieme ton.

L'e marque la finale en *mi* : l'f en *fa* : le d en *re*, & l'a en *la*.

Pour le cinquieme ton.

L'a marque la finale en *la*, & l'f en *fa*.

Pour le sixieme ton.

La petite f marque la finale en *fa*, pour la premiere & troisieme maniere de le chanter ; & la grande F marque aussi la finale en *fa*, pour la seconde.

Pour le septieme ton.

Le petit d & le grand D marquent la finale en *re* au-dessus de la clef : le petit c & le grand C la finale en *ut*, à la clef : le b en *si* : l'a en *la*, & le g en *sol*.

Pour le huitieme ton.

Le g marque la finale en *sol*, & le c en *ut*, à la clef.

Regles pour le Chant de la Psalmodie, selon le principe de Gui Arétin ; & la maniere de le bien exécuter, selon saint Bernard. L'Eglise de Rome a transcrit ce principe du livre même d'Arétin, & l'a conservé. Le voici :

L'on ne doit jamais élever la voix pour commencer le Chant d'une médiante & d'une terminaison, sur la derniere syllabe d'un mot, ni sur une syllabe breve, si elle se rencontre : il faut alors anticiper sur la syllabe qui précede immédiatement. (Pour le monosyllabe), si, après une pénultieme breve, il suit un monosyllabe, la pénultieme breve devient alors longue (1).

Maniere de bien chanter la Psalmodie, selon saint Bernard.

La Psalmodie doit se chanter, dit-il, sans traîner, mais rondement, & d'une voix ferme & soutenue. On doit commencer & finir ensemble chaque verset, & observer strictement la pause au milieu. Il seroit désagréable d'entendre quelqu'un commencer avant les autres, ou traîner le Chant après les autres. Il faut pour le bon ordre, pour l'exactitude & la beauté du Chant de la Psalmodie, chanter & prononcer ensemble, & observer ainsi la pause au milieu des versets (2). On n'entend que souvent, sur-tout dans la campagne, traîner le Chant sur la derniere note des médiantes, & sans la quitter, passer à la seconde partie des versets. On doit, à la vérité, donner à cette derniere note de la médiante toute sa valeur, mais rien de plus, afin que, pendant le temps de la pause, il se fasse, comme on l'a dit, un silence total & parfait.

Principe d'Arétin pour la Psaldie.

(1) *Porrò tam in mediatione quàm in terminatione, elevatio nunquam fit in ultima dictionis syllaba ; sed anticipatur in præcedentem non brevem... Si tamen antepenultimam brevem, sequatur dictio monosyllaba, tunc penultima brevis fit, positione, longa.*

(2) *Psalmodiam non multùm protrahamus ; sed rotundè & vivâ voce cantemus ; initium & finem versûs simul incipientes, simulque dimittentes, & bonam in medio pausam tenentes. Nullus ante alios incipere, & nimis præcurrere, & post alios nimis trahere audeat. Simul cantemus : simul pausemus. Sanctus Bernardus sermone 47 in cantica versùs finem.*

POUR LE PLAIN-CHANT.

Il n'y a pas la moindre difficulté aux médiantes du premier ton régulier, du second, du quatrieme, du cinquieme & du huitieme ; parce qu'il ne peut jamais s'y trouver plus de trois syllabes : mais aux médiantes du premier ton irrégulier, du second ton, au grand D ; du sixieme & du septieme ton, où l'on ne devroit trouver plus de cinq syllabes, il s'en trouve jusqu'à sept en certains versets. Cependant ces sept syllabes ne doivent durer plus de temps à chanter que les cinq, au moyen de notes losanges qui en accélerent le Chant, & le rendent dans sa longueur naturelle.

FORMULES

Tant des Intonations & des Médiantes des premiers versets des Pseaumes & de leurs suivants, que des Terminaisons pour chaque ton, soit régulier, soit irrégulier.

Intonations pour les premiers versets, en premier ton régulier.

Intonation.   Teneur.   Méd. 2 syllabes.

Dixit   Dominus Domino   me-o.

Inton.   Teneur.   Méd. 3 syllabes.

Be-a-   tus vir, qui timet Dominum ;

NOUVELLE MÉTHODE

Le Chant des seconds versets, & de leurs suivants, se prend à la dominante, ainsi qu'il suit :

Méd. 1 syll.

Donec ponam inimicos tu- os;

Méd. 3 syll.

Magna o-pera Do-mini.

Terminaisons du premier ton régulier.

Teneur. Terminaison, 4 syll.

Première terminaison.

se-cu- lorum. A- men.   d.
sede à dextris me- is.

Teneur. Terminaison, 5 syllabes.

ve-ritas, & ju-di-cium.   d.
de-dit ti-menti-bus se.

Deuxieme partie de versets incomplette.

scien-tium me.   d.   in æter-num   d.
coronasti nos.   super cœ-los.

& ti- mui.   d.
& sal-va me.

Teneur.

POUR LE PLAIN-CHANT. 81

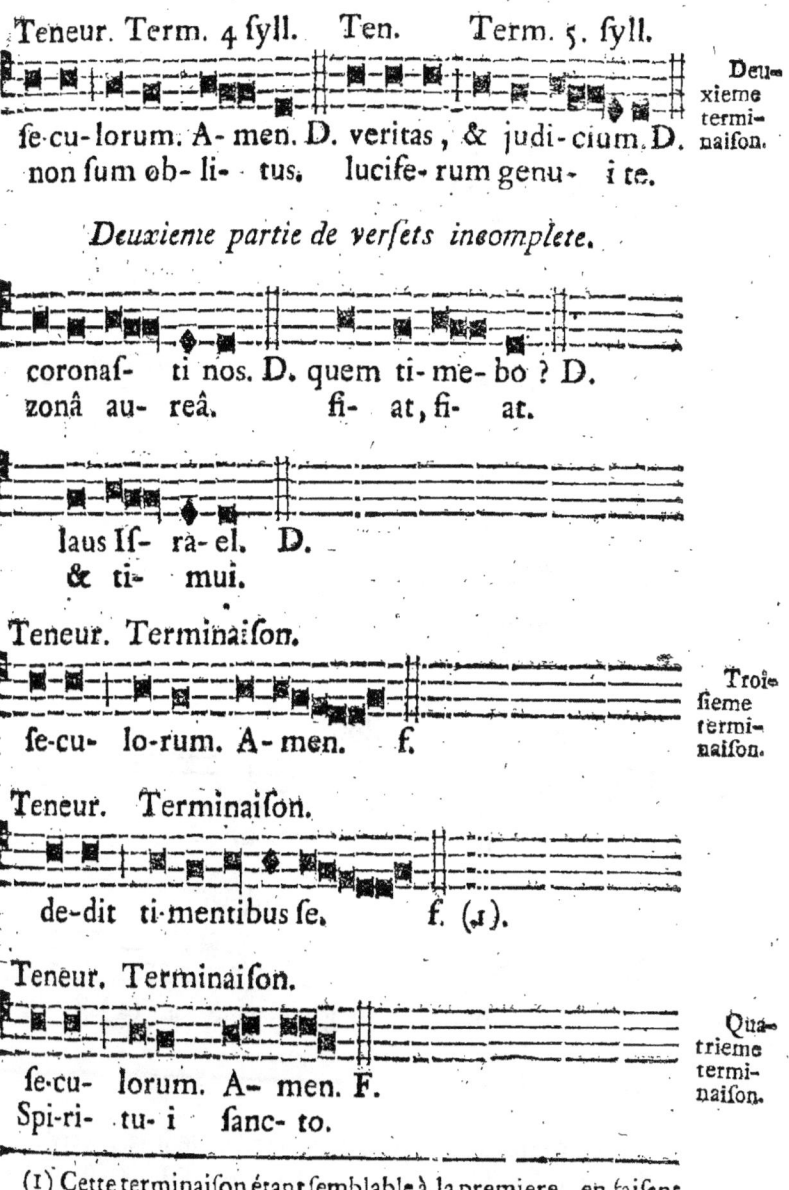

(1) Cette terminaison étant semblable à la premiere, en faisant remonter le Chant au *fa* pour la finir, on n'a donné que ces deux exemples.

L

NOUVELLE MÉTHODE

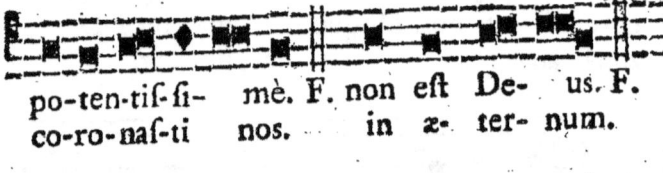

Ten.   Terminaison.

& con- so-la- tus es me. F.
frumen- ti fa- ti- at te.

Deuxieme partie de verfets incomplete.

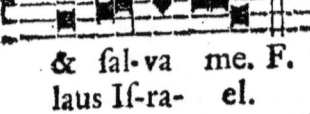

po-ten-tif-fi- mè. F. non eft De- us. F.
co-ro-naf-ti nos. in æ- ter- num.

& fal-va me. F.
laus If-ra- el.

Cin-
quieme
termi-
naifon.

Teneur. Terminaison.

fe-cu- lorum A- men. a.

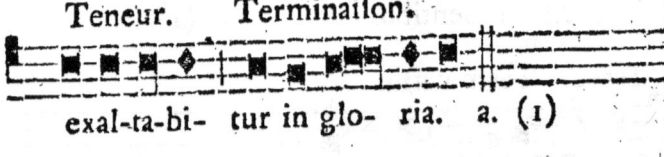

Teneur.   Terminaison.

exal-ta-bi- tur in glo- ria. a. (1)

---

(1) Cette terminaison étant femblable à la précédente, en faifant refter & finir le Chant au *la*, on n'a donné que deux exemples.

POUR LE PLAIN-CHANT.

Intonations pour les premiers verſets, en premier ton irrégulier.

Intonation. Teneur. Méd. 4 ſyll.

Lau-da-te Domi-num omnes gentes;

Inton. Teneur. Méd. 5 ſyll.

Be-a- tus vir, qui ti-met Dominum;

Intonat. Méd. 6 ſyll.

Lauda- te Dominum de cœlis;
qui re-gis Iſ- ra-el, in-tende;
. . . . ad Dominum cla-mavi;

Inton. Ten. Méd. 6 ſyll.

omnes gentes, plaudite ma-nibus;
miſe- ri- cordias Do-mini.

Inton. Ten. Méd. 6 ſyll.

Exul- ta-te juſti in Domi-no;
Bene- dictus... meas ad prælium.
(*le Samedi à Vêpres.*)

Inton. Ten. Méd. 7. ſyll.

ſuper flumina.... illic ſedimus & fle-vimus;
Inci- pi-te Domino in tympanis;

L 2

Le Chant des seconds versets & de leurs suivants, se prend à la dominante, & les médiantes se chantent comme aux premiers versets.

Première partie de versets incomplete.

Médiantes avec un monosyllabe, ou un nom indéclin.

& in- vo-ca-vero te;
& læ-ta-bitur Rex;
Isra- el;

Do- mi-ni est sa- lus; tu mandasti;
juda rex me- us; thesau- rizat;
tuus sum e- go. vi-gi-la- vi.

Terminaisons du premier ton irrégulier.

Teneur. Term. 4 syll.

se-cu-lo- rum. A-men. D.
... pedum tu- o- rum.

Ten. Term. 5 syll.

dedit ti- menti-bus se. D.
... qui tribu-lant me.

2ᵉ partie de versets incomplete. (Elle est seule.)

& timu- i. D.
laus Is- ra-el.
& salva me.

POUR LE PLAIN-CHANT. 85

Intonations pour les premiers verſets, en deuxieme ton, au petit d.

Inton. Teneur. Méd. 2 ſyll.

Laudate Dominum omnes gen-tes;

Inton. Teneur. Méd. 3 ſyll.

Laudate pu-e-ri Dominum;

Aux noms indéclinables.　　Aux monoſyllabes.

Da- vid;　　　　　　　　Indu-tus eſt;
Si- on;　　　　　　　　　ſuper nos;
　　　　　　　　　　　　　Iſ- ra- el;

Le Chant des ſeconds verſets & de leurs ſuivants ſe prend à la dominante, & ſe chante comme il ſuit :

Méd. 2 ſyll.

Dominus memor fuit noſ-tri;

Méd. 3 ſyll.

Tu autem Al- tiſ- ſimus;

86 · NOUVELLE MÉTHODE

Terminaison du deuxieme ton, au d.

Term. 3 syll.

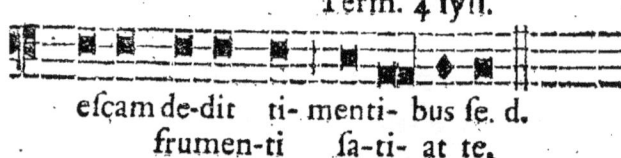

seculo- rum. A-men. d.
exal-ta- bit ca- put.

Term. 4 syll.

escam de-dit ti- menti- bus se. d.
frumen-ti sa-ti- at te.

Deuxieme partie incomplete.

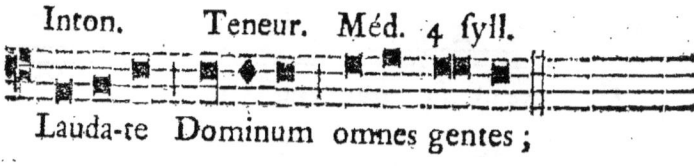

& ti- mui. d.
& sal- va me.

Intonations pour les premiers versets, en deuxieme ton, au grand D.

Inton. Teneur. Méd. 4 syll.

Lauda-te Dominum omnes gentes;

Inton. Teneur. Méd. 5 syll.

Bea-tus vir, qui timet Domi-num;

POUR LE PLAIN-CHANT. 87

Int.   Ten.   Méd. 6 syll.

Mi-fe-ra-tor & mi- fe-ricors Domi-nus;
Lauda-te ,   pu-e-ri Domi-num;

Inton.   Teneur.   Méd. 6 syll.

Deus ju- dex juftus fortis & pa-tiens;
Benedictus.... manus me-as ad præ-lium.

Inton.   Méd. 7 syll.

fuper flumina... fedi-mus & flé-vimus;
inci-   pi-te.. Domi- no in tympanis;

Le Chant des seconds versets & de leurs suivants,
se prend à la dominante, & les médiantes se chantent comme aux premiers versets.

Premiere partie de versets incomplete.

Tu mandafti;   Do-mi-ni eft fa-lus;
thefauri- zat;   Juda rex meus;
vi- gi-la-vi;   tuus fum ego;

juftus es, Domine;   qui facit hæc.
tu- a funt omni-a;

NOUVELLE MÉTHODE

Terminaison du deuxieme au grand D.

Term. 4 syll.

se-cu- lo-rum. Amen. D.

Term. 5 syll.

& pro-tector e- o- rum est. D.
quâ in-vo-ca- ve-rimus te.

Deuxieme partie de versets incomplete.

Coro-nas- ti nos. D. super cœ- los. D.
super-va- cu- è. mare rubrum.

& ti-mu-i. D.
& salva me.
laus Is-ra- el.

Intonations pour les premiers versets en troisieme ton.

Int. Ten. Méd. 4 syll.

Lauda- te Dominum omnes gentes;
Quare fremu- e-runt gentes;

Inton.

POUR LE PLAIN-CHANT. 89

Inton.   Ten.   Méd. 5 syll.

Dixit Do-mi-nus Domino me-o;
Cœli e-narrant glo-ri-am De-i;

Inton.   Ten.   Méd. 5 syll.

Leva- vi ocu-los me-os in montes;
. . . . in viâ pecca-torum non ste-tit.

Int.   Méd. 6 syll.

qui re-gis If-ra-el in-tende;
Lauda-te Dominum de cœlis;

Inton.   Méd. 6 syll.

Exul-ta-te juf-ti in Domino;
. . . . . for-tis & pa-ti-ens;

Inton.   Ten.   Méd. 7 syll.

super flumina. . . . . . se-dimus & fle-vimus;
Inci- pi-te Domino in tympanis;

Le Chant des seconds versets & de leurs suivants, se prend à la dominante, & se chante comme
il suit :

M

POUR LE PLAIN-CHANT.   91

Deuxieme partie de versets incomplete.

& timu- i. c.
laus Is-ra-el.

Ten. Term. 4 syll.

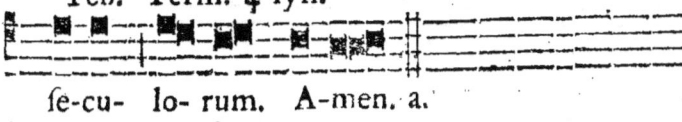

Deuxieme terminaison.

se-cu- lo- rum. A-men. a.
& congre- ga- ti- o- ne.

Ten. Term. 5 syll.

lu-ci-fe-rum ge- nu- i te.   a.
. . . . i- nops, & pauper sum.

Deuxieme partie de versets incomplete.

consti- tu- is-ti me. a.
co- ro- nasti nos.
sci- en- ti-um me.
   & ti-mu- i.
   & sal-va me.

Deuxieme partie de versets incomplete.

mul-tum est e- nim. a. in æ- ternum. a.
ci- vi- tas De-i.   non est De-us.

92   NOUVELLE MÉTHODE

Troisieme terminaison.

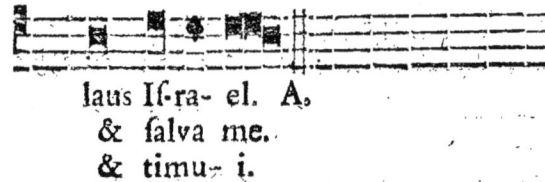

Teneur. Term. 3 syl.   Ten. Term. 4 syll.

secu-lo-rum. A-men. A, de-dit ti-mentibus se. A.

Deuxieme partie de versets incomplete.

laus Is-ra- el. A,
& salva me.
& timu- i.

Quatrieme terminaison.

Ten. Term. 4 syll.

se-cu- lo- rum. A- men. g.
exal- ta- bit ca- put.

Ten. Term. 5 syll.

popu- lis E- thi- opum. g.
consti- tu- is- ti me.

Term. 6 syll.

à cir-cundan-ti-bus me. g.
e- ri-gens pau-perem.

Deuxieme partie de versets incomplete.

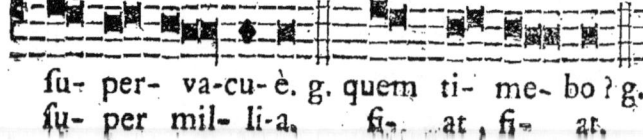

su- per- va-cu- è. g. quem ti- me- bo? g.
su- per mil- li-a.   fi- at, fi- at.

POUR LE PLAIN-CHANT.

mul- tùm est e- nim. g. & ti- mu- i. g.
                          & sal- va me.

Ten. Term. 4 syll.

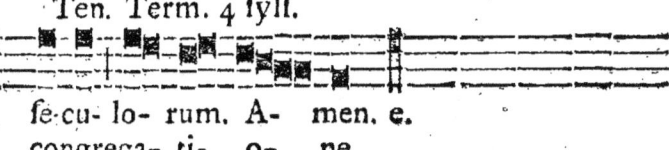

se- cu- lo- rum. A- men. e.
congrega- ti- o- ne.

Cinquieme terminaison.

Ten. Term. 5 syll.

de- dit ti- men- ti- bus se. e.
mul- ti- pli- ca- ti sunt.

Ten. Termin. 6 syll.

in cir- cu- i- tu nos- tro sunt. e.
    & con- so- la- tus es me.

Deuxieme partie de versets incomplete.

po- ten- tis- sime. e. quæ di- le- xi. e.
sci- en- ti- um me. su- per cœ- los.

ci- vi- tas De- i. e. & ti- mu- i. e.
multùm est e- nim. laus Is- ra-el.

Intonations pour les premiers verfets, en quatrieme ton régulier.

Inton. Ten. Méd. 2 fyll.

quare fremuerunt gentes;

Inton. Ten. Méd. 3 fyll.

Lauda- te, pu-e-ri Do- minum.

Aux noms indéclinables, & aux monofyllabes.

If- ra- el.   Da- vid.   læ-ta-bi-tur rex.
Ephraïm.   Si- on.   In-du-tus eft.

Le Chant des feconds verfets & de leurs fuivants, fe prend à la dominante, & fe chante comme il fuit :

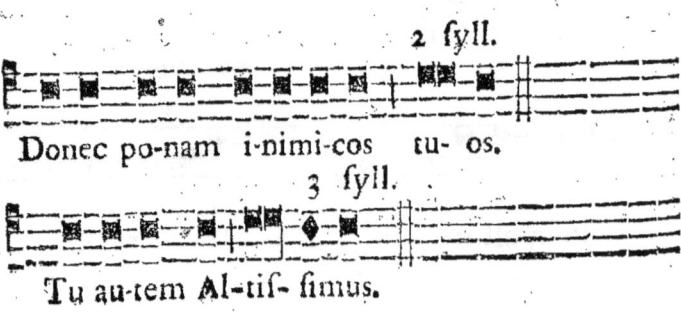

2 fyll.

Donec po-nam i-nimi-cos tu- os.

3 fyll.

Tu au-tem Al-tif- fimus.

POUR LE PLAIN-CHANT. 95

Terminaisons du quatrieme ton régulier.

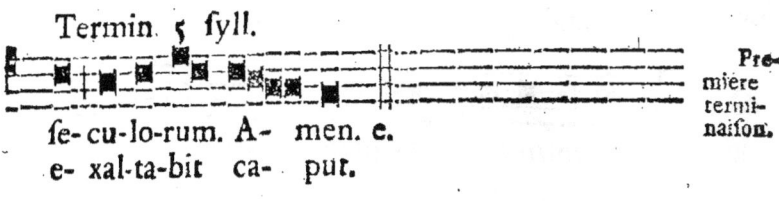

Premiere terminaison.

se-cu-lo-rum. A- men. e.
e- xal-ta-bit ca- put.

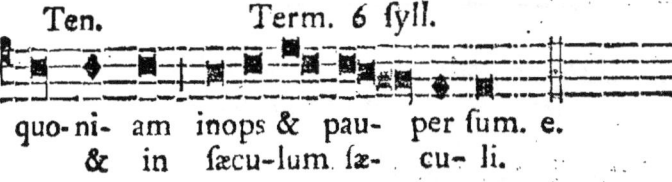

quo- ni- am inops & pau- per sum. e.
& in sæcu-lum sæ- cu- li.

Deuxieme partie de versets incomplete.

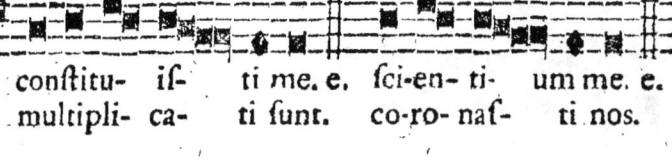

constitu- is- ti me. e. sci-en- ti- um me. e.
multipli- ca- ti sunt. co-ro-nas- ti nos.

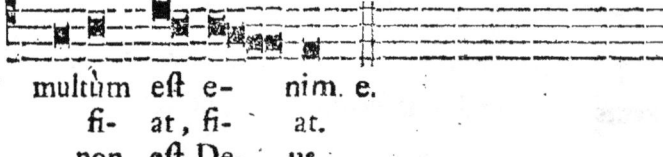

multùm est e- nim. e.
fi- at, fi- at.
non est De- us.

Les deux suivantes terminaisons étant semblables à la précédente, en faisant 1°. remonter & finir le Chant au *fa*; 2°. le faisant descendre & finir au *re*, on n'en a donné que deux exemples.

Deuxieme terminaison.

secu-lorum. A- men. f.

96 NOUVELLE MÉTHODE

Troisieme terminaison.

seculo-rum. A-men. d.

Quatrieme terminaison.

se-cu-lo-rum. A-men. a.

Intonations pour les premiers versets, en quatrieme ton irrégulier.

Int. Ten. Méd. 4 syll.

Quare fremu- e-runt gen-tes;

Int. Ten. Méd. 5 syll.

Lauda- te, pu- e-ri, Do-minum.

Le Chant des deuxiemes versets & de leurs suivants, se prend à la dominante, comme il suit :

Teneur. Méd. 4 syll.

Dominus memor fu- it nos-tri;

Méd. 5 syll.

ma-gna o-pe-ra Domi- ni.

Deuxieme

POUR LE PLAIN-CHANT.

Deuxieme partie de verſets incomplette.

Terminaiſons du quatrieme ton irrégulier.

Deuxieme partie incomplette.

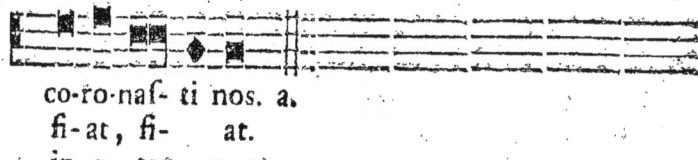

La ſeconde terminaiſon étant ſemblable à la premiere; en faiſant remonter & finir le Chant à l'*ut*, ce ſeul exemple ſuffit.

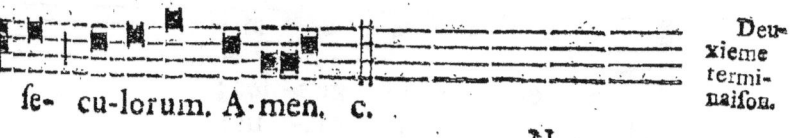

98　　NOUVELLE MÉTHODE

Troisieme terminaison.

Term. 5 syll.

se- cu-lo-rum. A- men. d.
e- xal-ta-bit ca- put.

Term. 6 syll.

laudent nomen Do-mi-ni. d.

Deuxieme partie incomplete.

super cœ- los.
& ti-mui.

Quatrieme terminaison.

Term. 2 syl.　　Term. 3 syll.

se-cu-lo-rum. A- men. D. nomen Domi-ni. D.

Deuxieme partie incomplete.

& sal- va me. D.
laus Is- ra- el.

Intonations pour les premiers versets en cinquieme ton.

Int.　Ten.　Méd. 2 syll.

Quare fre-mu- e-runt gen- tes;
Deus, De- us me- us;

POUR LE PLAIN-CHANT. 99

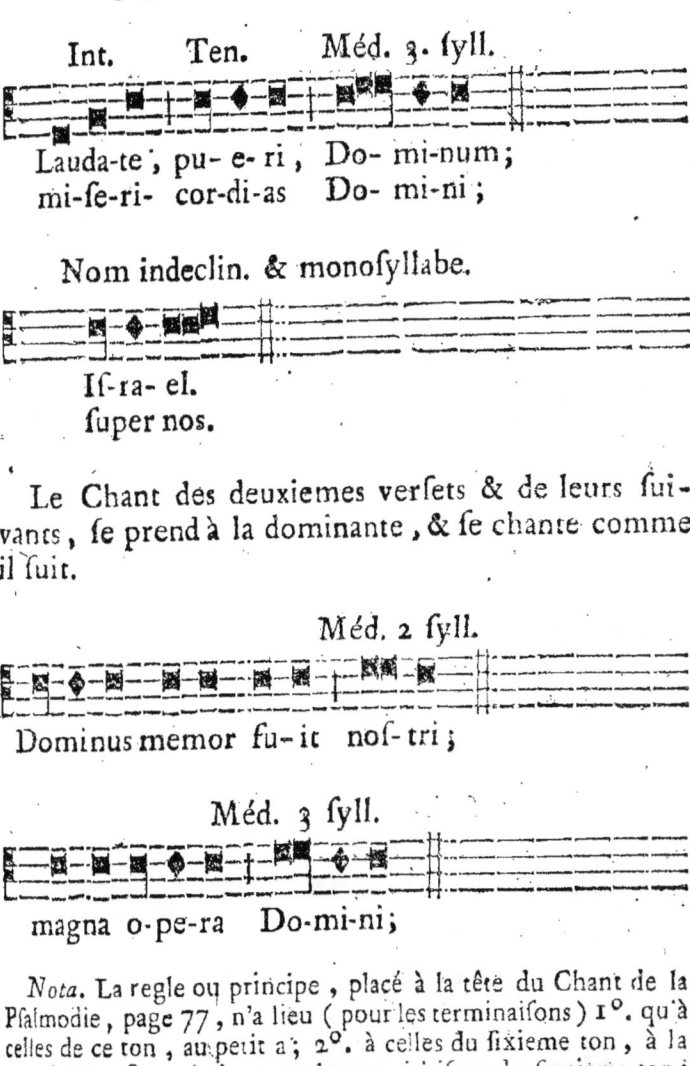

Int.   Ten.   Méd. 3. syll.

Lauda-te, pu- e- ri, Do- mi-num;
mi-se-ri- cor-di-as Do- mi-ni;

Nom indeclin. & monosyllabe.

Is-ra- el.
super nos.

Le Chant des deuxiemes versets & de leurs suivants, se prend à la dominante, & se chante comme il suit.

Méd. 2 syll.

Dominus memor fu- it nos- tri;

Méd. 3 syll.

magna o-pe-ra Do-mi-ni;

Nota. La regle ou principe, placé à la tête du Chant de la Psalmodie, page 77, n'a lieu (pour les terminaisons) 1°. qu'à celles de ce ton, au petit a; 2°. à celles du sixieme ton, à la grande F; 3°. mais à toutes les terminaisons du septieme ton; parce que le Chant commence en élevant la voix : au contraire, il la fait descendre en commençant toutes les terminaisons des autres tons. La Méthode de M. l'Abbé le Beuf l'enseigne également, à l'article du Chant de la Psalmodie, pages 213 & 222, pour ce ton à l'a, & par-tout pour le septieme ton.

N 2

NOUVELLE MÉTHODE

Terminaisons du cinquieme ton.

Term. 4 syll.

Premiere terminaison.

se cu-lo-rum A-men. a.
e-xal-ta-bit ca-put.

Term. 5 syll.

in æ-ternum mi-hi est. a.
invo-ca-ve- ri-mus te.

Term. 5 syll.

scabel-lum pedum tu- o-rum. a.
pecca- torum pe- ri-bit.
fi-li- orum læ-tan-tem.

Term. 6 syll.

confor-ta ti sunt su- per me.
& in se-culum se- cu- li.

Term. 6 syll.

pro- tector e- o-rum est. a.
fru- menti sa- ti- at te.

POUR LE PLAIN-CHANT. 101

Term. 7 syll.

& e-xal- ta-bi-tur in glo-ri- a.   a.
. . . . . ordinem Melchisedech.
lu- ci-fe-rum genu- i te.

Deuxieme partie incomplete.

sci-en- ti- um me. a.   fi- at, fi- at. a.
co-ro-nas-ti nos.

& ti-mu-i. a.
laus Is- ra-el.

Term. 4 syll.   Deu-
                                               xieme
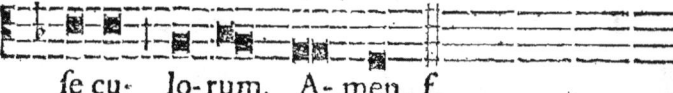   termi-
                                               naison.
se cu-   lo-rum. A- men. f.
e-xal-   ta-bit   ca- put.

dé-dit timen- ti- bus te. f.
in se- cu- lum se-cu- li.

Deuxieme partie incomplete.

po-ten- tis- sime. f. quem ti- me- bo? f.
su-per mil-li- a.   su- per cœ- los.

NOUVELLE MÉTHODE

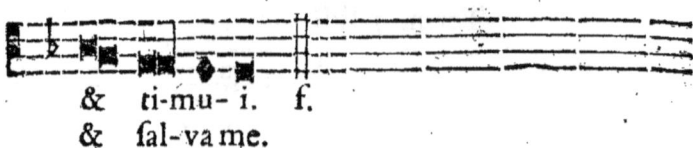

    & ti-mu- i. f.
    & sal-va me.

Intonations pour les premiers versets en sixieme ton,
à l f.

Int.   Ten.   Méd. 4 syll.

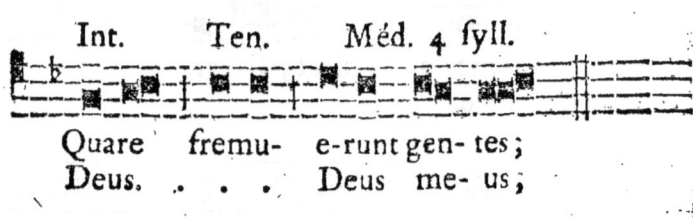

Quare   fremu-   e-runt gen- tes;
Deus. . . . Deus me- us;

Inton.   Teneur.   Méd. 5 syll.

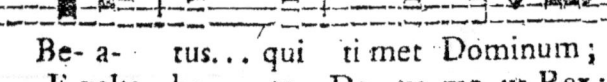

Be- a-   tus... qui   ti met Dominum;
E-xalta- bo   te, De- us me-us Rex;

Inton. Teneur.   Méd. 6 syll.

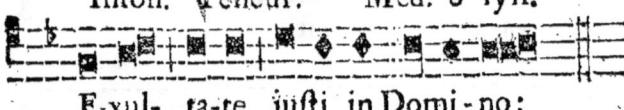

E-xul- ta-te justi in Domi- no;
. . . . . de-corem in- du-tus est;

Inton.   Teneur.   Méd. 7 syll.

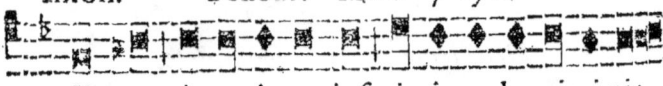

Sive- rè u- ti-que jus- ti-ti-am loquimi-ni;
Super. . . . . il- lic se-dimus & flevimus;

Le Chant des seconds versets & de leurs suivants se prend à la dominante & se chante comme il suit :

POUR LE PLAIN-CHANT. 103

Méd. 4 syll.

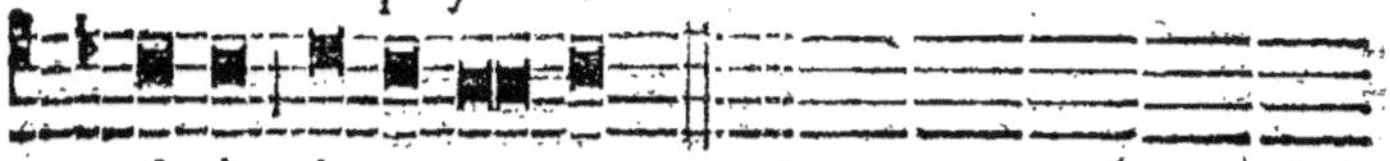

i-ni-mi-cos tu- os;

Méd. 5 syll.

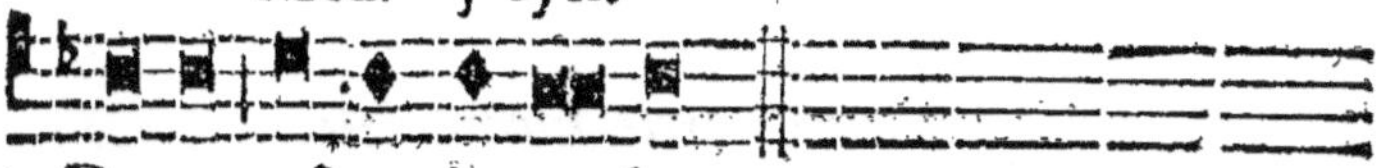

De- us nos-ter in cœ- lo.

Méd. 6 syll.

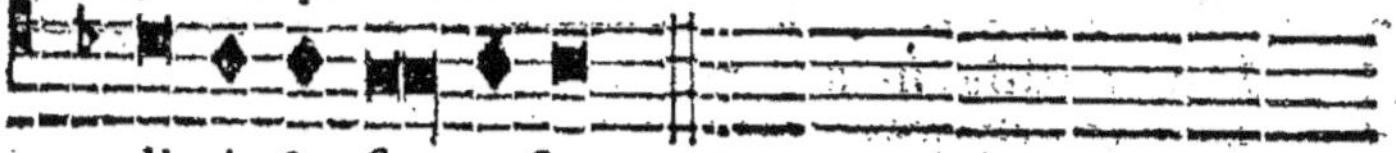

di-xit & fac-ta sunt.

Méd. 7 syll.

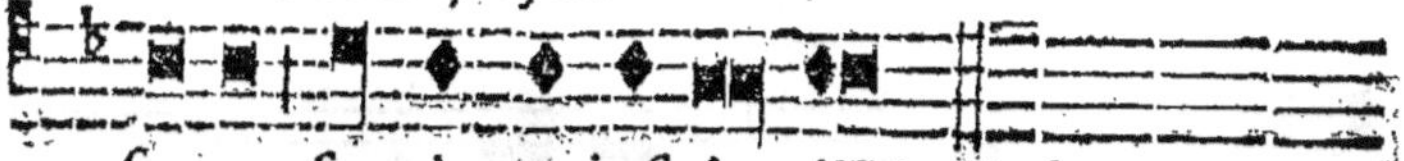

su- per se-mi- tas jus-ti- tiæ;
splen-do- ri- bus sancto- rum;

Premiere partie de versets incomplete.

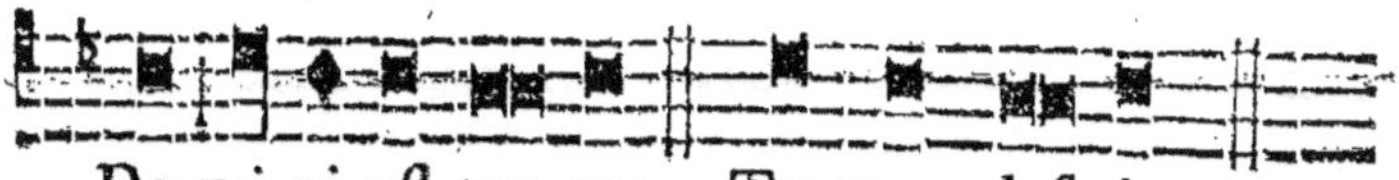

Do-mi-ni est ter- ra; Tu man- das-ti;
ju-da rex me-us; The-sau- ri- zat;

Terminaison de ce ton à la petite f.

Term. 4 syll.

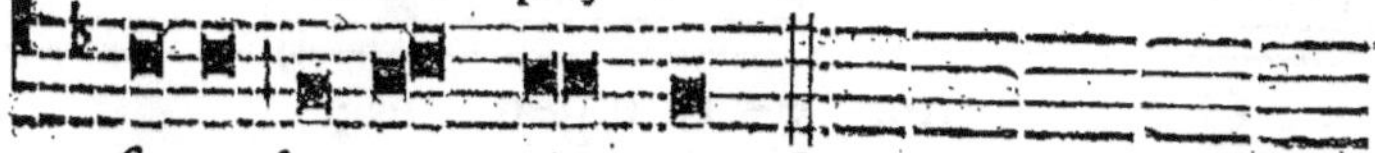

se-cu- lo-rum. A- men. f.
ex- al-ta-bit ca- put.

Term. 5 syll.

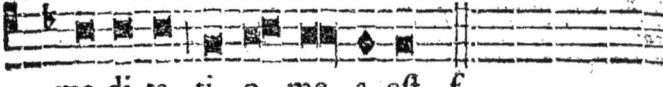

me-di-ta-ti-o me-a est. f.
pro-tector e- o- rum est.

Deuxieme partie incomplete.

su-per mil- li- a f.
sci-en- ti- um me.

Deuxieme partie incomplete.

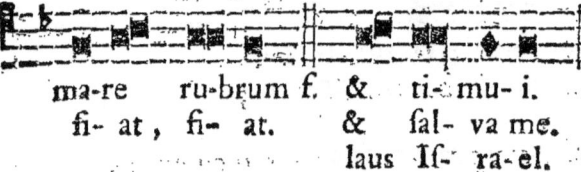

ma-re ru-brum f. & ti- mu- i.
fi- at, fi- at. & sal- va me.
laus Is- ra- el.

Intonations pour les premiers versets en sixieme ton à l'F.

Inton. Ten. Méd. 4 syll.

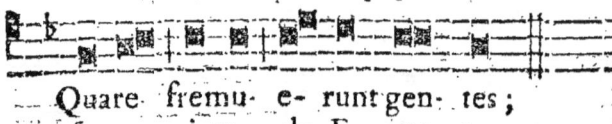

Quare fremu- e- runt gen- tes;
In ex- i-tu... de E- gyp- to;

Intonation,

POUR LE PLAIN-CHANT. 105

Inton. Ten. Méd. 5 syll.

Be- a- tus vir qui ti-met Do-minum;
. . . . a-ni-ma me- a Do-minum;

Inton. Teneur. Méd. 5 syll.

Bea- tus vir.... pecca-to- rum non fte-tit;
Leva- vi. . . . . me- os in montes;

Inton. Méd. 6 syll.

qui re- gis If- ra- el in-ten-de;
Lau-da- te Do-mi-num de cœ-lis;

Inton. Ten. Méd. 6 syll.

E-xul- ta- te , Jus- ti, in Do- mi- no;
Bene- dictus... me- as ad præ- li- um;
. . . . . for- tis & pa- ti-ens;

Int. Ten. Méd. 7 syll.

super flumi-na...... se-di-mus & fle- vi- mus;
In-ci- pi-te Domi-no in tympa- nis;

Le Chant des deuxiemes verfets & de leurs fuivants
fe prend à la dominante, & fe chante comme il fuit:

Méd. 4 syll.

Donec.... i-ni-mi-cos tu- os;

O

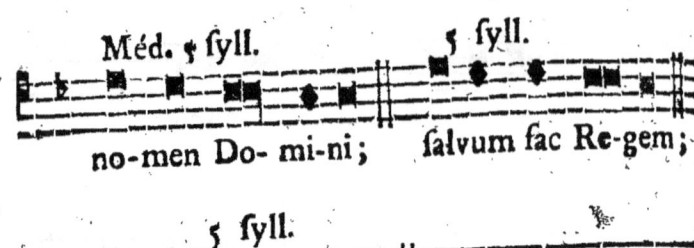

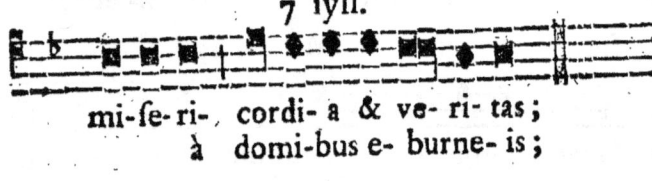

Premiere partie incomplete.

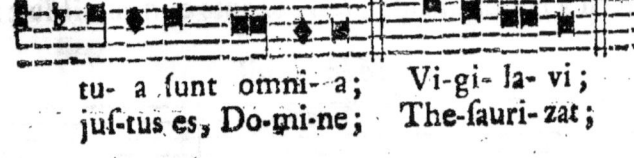

POUR LE PLAIN-CHANT. 107

Terminaison du sixieme ton à la grande F.

Term. 4 syll.

se-cu-lo-rum. A-men. F.
e-xal-ta-bit ca-put.

Term. 5. syll.

mi-se-ra-tor & jus-tus. F.
pecca-to-rum pe-ri-bit.
cœ-lum & ter-ram.

ope-ra manu-um ho-mi-num. F.
me-di-ta-ti-o me-a est.

Deuxieme partie incomplete.

sci-en-ti-um me F. fi-at, fi-at. F.
co-ro-nas-ti nos. quæ di-le-xi.

Laus Is-ra-el. F.
& ti-mu-i.
& sal-va me.

O 2

NOUVELLE MÉTHODE

Chant de la Psalmodie du sixieme ton irrégulier, à tous les versets.

Nota. La dominante de ce ton se trouvant une grande tierce au-dessous des dominantes des autres tons, cause souvent du trouble, & une espece de disparate dans le Chant. Il semble en effet que l'on passe, tout-d'un-coup, d'un Office solemnel à un Office double, ou d'un Office double à un Office simple. On pourroit cependant éviter ce défaut, en élevant la teneur de ce ton au *sol*, ayant soin de diéser le *fa*, & de chanter le *si* naturel; ce ton se trouveroit alors à la hauteur des autres, c'est-à-dire à la troisieme corde à la fin de la médiante, & n'excéderoit ni la portée de la voix, ni celle des instruments, même dans les Fêtes solemnelles, où le *la* doit être la dominante du Chant.

Sixieme ton irrégulier.

De- us, De- us me- us;

ad te de lu- ce vi- gi- lo.

Neume de ce ton.

Il est noté comme il suit dans nos Livres de Chant.

De- us, De- us me- us; qui ti- met Do- minum;
Do- mi- ne Da- vid;

læ- ta- bi- tur Rex;

POUR LE PLAIN-CHANT. 109

Terminaisons du sixieme ton irrégulier.

Term. 5 syll.

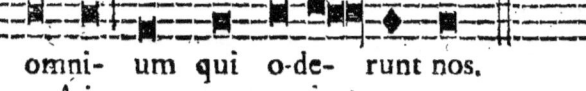

se- cu-ló- rum. A- men.
e- xal-ta- bit ca- put.

Term. 6 syl.

omni- um qui o-de- runt nos.
quâ in-vo- ca- ve-ri- mus te.

Deuxieme partie incomplete.

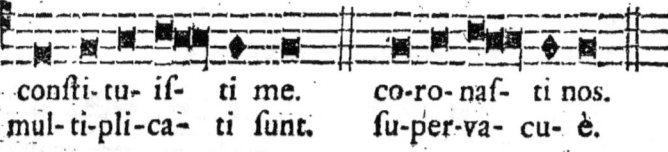

consti-tu- is- ti me.   co-ro-nas- ti nos.
mul-ti-pli-ca- ti sunt.   su-per-va- cu- è.

in æ-ter- num.   & ti- mu- i.
fi-at, fi- at.   & sal- va me.

Intonations pour les premiers versets, en septieme ton.

Int.   Ten.   Méd. 4 syll.

Quare fremu- e- runt gen-tes;
De-us,   De- us me- us;

NOUVELLE MÉTHODE

Int. Teneur. Méd. 5 syll.

Be- a- tus vir, qui ti- met Domi-num ;
Cre- didi. . . . quod lo- cu-tus sum ;

Int. Méd. de 5 syll.

Be- tus... pecca- to- rum non ste-tit ;
Le-va- vi. . . me- os in mon-tes ;

Int. Méd. 6 syll.

Qui re- gis If- ra- el in-ten-de ;
Lau-da- te Dominum de cœ-lis ;

E-xul- ta-te, juf- ti in Do- mi- no ;
De- us. . . . for- tis & pa- ti- ens ;

Int. Méd. 7 syll.

Su-per. . . fe- dimus & fle-vi-mus ;
Si verè. . juf-ti- ti- am lo- qui-mi- ni ;

Le Chant des seconds versets & de leurs suivants, se prend à la dominante, & se chante comme il suit :

Méd. 4 syll.

i- ni- mi- cos tu- os ;

POUR LE PLAIN-CHANT.

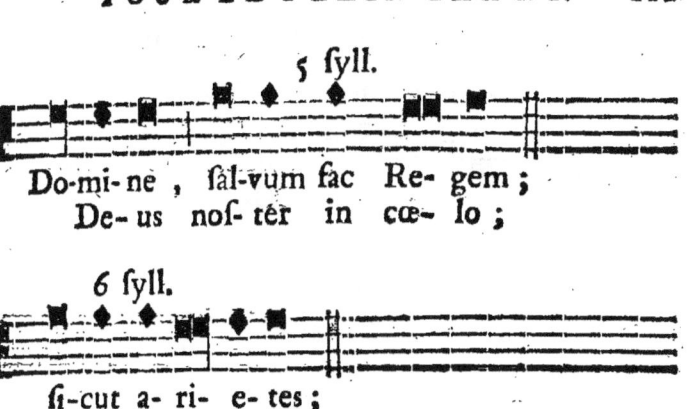

5 syll.
Do-mi-ne, sal-vum fac Re-gem;
De-us nos-ter in cœ-lo;

6 syll.
si-cut a-ri-e-tes;
Pa-tri & Fi-li-o;

6 syll.
non no-bis, Do-mi-ne, non no-bis;
ste-ri-lem in do-mo;

7 syll.
de la-que-o ve-nan-ti-um;
à do-mi-bus e-bur-ne-is;

Premiere partie incomplette.

Do-mi-ni est sa-lus;   tu-a sunt omni-a;
ju-da Rex me-us;

vi-gi-la-vi;   qui fa-cit hæc.

NOUVELLE MÉTHODE

Terminaisons du septieme ton.

POUR LE PLAIN-CHANT. 115

5 syll.

ve- ri- tas, & ju- di-ci- um. c.

5 syll.

à ti-mo- re noctur- no. c

5 syll.

mul- ti-pli- ca- ti sunt. c.

7 syll.

lu- ci- fe- rum ge-nu- i te. c. *La deuxieme partie incomplete comme ci-devant, en faisant descendre le Chant au si, & le terminant à l'ut.*

4 syll.

se-cu- lo-rum. A-men. b. *Les autres terminaisons & les incompletes comme ci-devant, en terminant le Chant au si.* Cinquieme terminaison.

4 syll.

se-cu- lo-rum. A-men. a. *Les autres terminaisons & les incompletes comme à la quatrieme terminaison, en faisant terminer le Chant au la.* Sixieme terminaison.

P 2

NOUVELLE MÉTHODE

Septieme terminaison.

Term. 4 syll.

se-cu-lo-rum. A-men.   g.

5 syll.

fe-cit cœ-lum & ter-ram.   g.

6 syl.

confor-ta-ti sunt su-per me.   g.

7 syll.

lu-ci fe-rum ge-nu-i te.   g.

Deuxieme partie incomplete.

co-ro-naf-ti nos.   g.   non est De-us.   g.

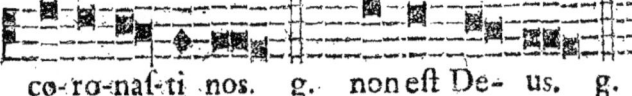
laus. If-ra-el.   g.
& ti-mu-i.

Intonations pour les premiers verfets en huitieme ton.

Int.   Ten.   Méd. 2 syll.
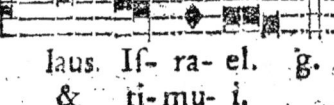
De-us De-us me-   us;
. . .   cor-de me-   o;

POUR LE PLAIN-CHANT. 117

Int.   Ten.   Méd. 3 syll.

Lau-da-te, pu-e-ri, Do-mi-num;

Le Chant des seconds versets & de leurs suivants, se prend à la dominante, & se chante comme il suit :

Teneur.   Méd. 2 syll.

Do-nec po-nam i-ni-mi-cos tu-os;

Ten.   Méd. 3 syll.

Ma-gna o-pe-ra Do-mi-ni.

Noms indéclinables & monosyllabes.

Da-vid.   Is-ra-el.   indu-tus est.
Si-on.   Ephraïm.   su-per nos.

Terminaisons du huitieme ton.

Term. 4 syll.

se-cu-lo-rum. A-men. g.
congrega-ti- o- ne.

Premiere terminaison.

in æ-ternum mi-hi est. g.
lu-ci-fe-rum ge-nu- i te.

NOUVELLE MÉTHODE

Deuxieme partie incomplete.

& fa- naſ- ti me. g.   non eſt De- us. g.
co-ro- naſ- ti nos.   in æ- ter- num.

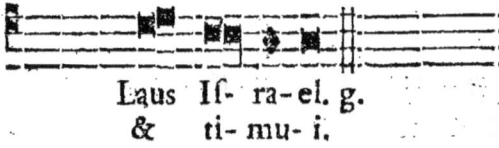

Laus Iſ- ra- el. g.
   &   ti- mu- i.
   &   ſal- va me.

Term. 4 ſyll.

Deuxieme terminaiſon.

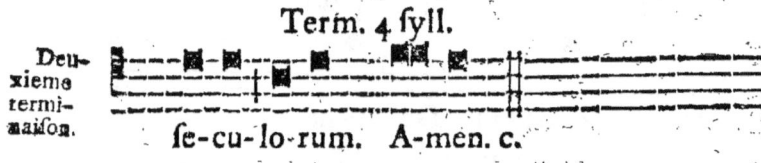

ſe-cu- lo- rum. A- men. c.

5 ſyll.

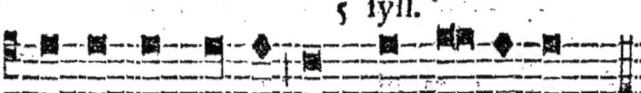

ſe-cun-dum or-di- nem Mel-chi- ſe-dech. c.

Deuxieme partie incomplete.

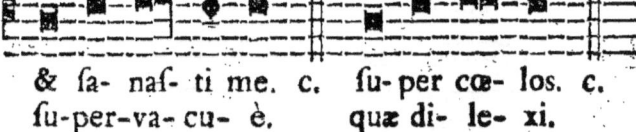

& fa- naſ- ti me. c.   ſu- per cœ- los. c.
ſu-per-va-cu- è.   quæ di- le- xi.

Laus Iſ- ra- el. c.
   &   ti- mu- i.
   &   ſal- va me.

POUR LE PLAIN-CHANT. 119

FORMULES

Pour le Chant des trois Cantiques évangéliques, lesquels se chantent en entier avec l'intonation, à chaque verset.

Premier ton régulier, à Laudes.

Inton.   Ten.   Méd.

Be-ne- dictus. . .De-us If- ra-el;

Int.   Ten.   Méd.

Et e- re-xit cornu fa-lu-tis no- bis;

A Vêpres.

Ma- gni- fi-cat;

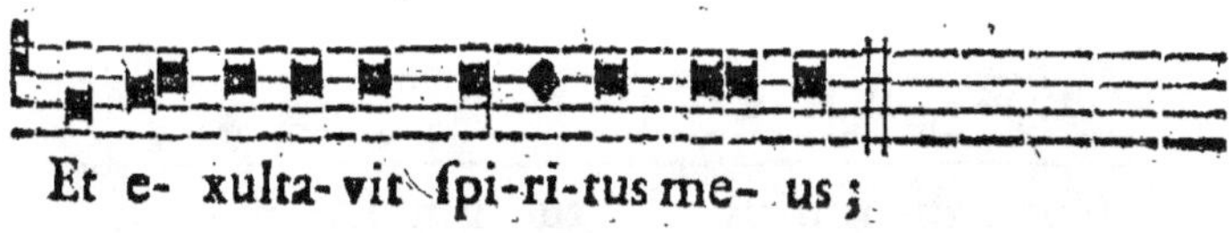

Et e- xulta-vit fpi-ri-tus me- us;

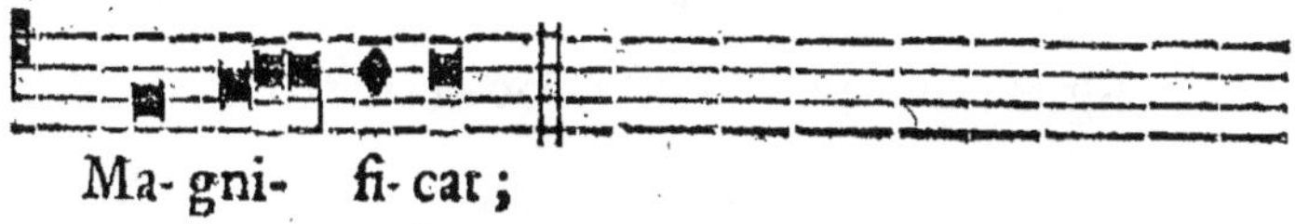

A Complies.

Nunc di-mit-tis. . . Domi-ne;

Premier ton irrégulier, à Laudes.

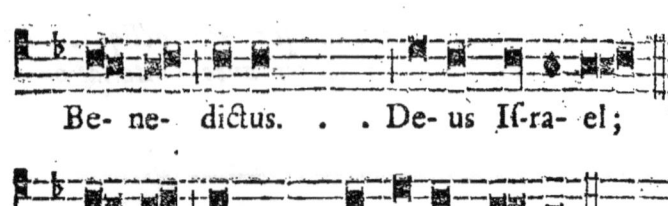

Be- ne- dictus... De- us If-ra- el;

Et ere-xit... fa- lu-ris no- bis;

Al-tif- fimi vo-ca- be-ris;

A Vêpres.

Ma-gni- fi-cat; fpi-ri-tus me- us;

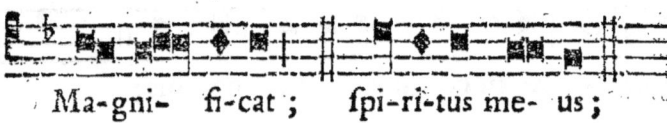

ma-gna, qui potens eft; po- tentes de fe- de;

A Complies.

Nunc di- mit-tis... tu- um Do- mi-ne;

Premiere partie incomplete.

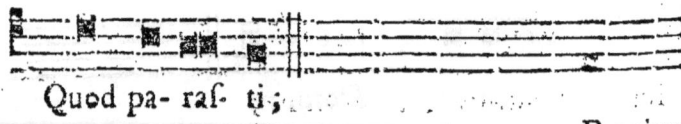

Quod pa- raf- ti;

Deuxieme

POUR LE PLAIN-CHANT.

Deuxieme ton au petit d, à Laudes.

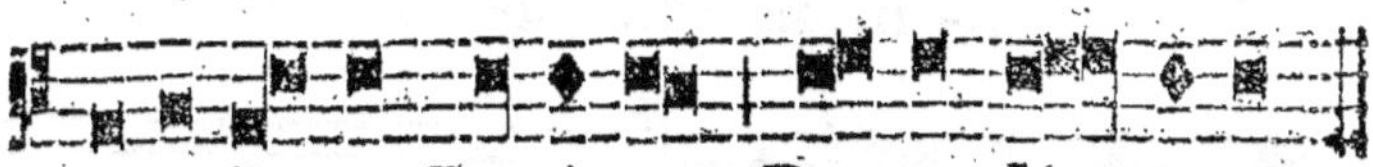

Be-ne-dic-tus Domi-nus, De-us If-ra-el;

Et e-re-xit... fa-lu-tis no-bis;

Al-tif-fimi vo-ca- be-ris;

A Vêpres.

Ma-gni- fi-cat;

Et e-xul- ta-vit fpi- ri-tus me- us;

ma- gna, qui po- tens eft;

po- ten-tes de fe- de;

Q

NOUVELLE MÉTHODE

A Complies.

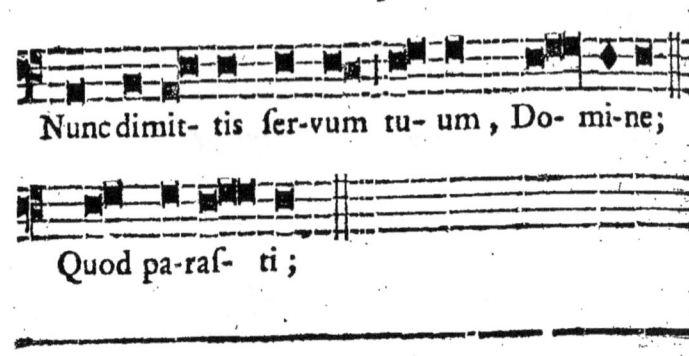

Nunc dimit- tis ſer-vum tu- um, Do- mi-ne;

Quod pa-raſ- ti;

Deuxieme ton au grand D *, à Laudes.*

Be-ne-dic-tus. . . De- us Iſ- ra- el;

Cum Pa-tribus noſ-tris;

Al-tiſ- ſimi vo- ca-be-ris;

à Vépres.

Ma-gni- fi- cat;   magna, qui po-tens eſt.

po-ten- es de ſe- de; in bra-chi- o ſu- o.

POUR LE PLAIN-CHANT. 123

A Complies.

Nunc dimit- tis. . . . tu- um, Do-mi-ne;

o-cu-li me- i ; quod pa- raf- ti ;

Troifieme ton, à Laudes.

Be-ne- dic-tus. . . De- us If- ra- el ;

fa- lu- tis no-bis ;

Al- tif- fi- mi vo-ca- be-ris ;

A Vêpres.

Ma-gni- fi-cat ; fpi- ri-tus me- us ;

ma- gna, qui po- tens eft ;
po-ten- tes de fe- de ;

Q 2

124   NOUVELLE MÉTHODE

A Complies.

Nunc di-mittis. . . . tu- um, Do-mi-ne;

Quod pa- raf- ti.

Quatrieme ton, à Laudes.

Be- ne- dictus. . . De- us If- ra-el;

fa- lu- tis no- bis;

Al- tif- fimi vo- ca- be-ris;

à Vêpres.

Ma- gni- fi-cat; fpi- ri-tus me- us;

ma- gna, qui po- tens eft;
poten- tes de fe- de;

POUR LE PLAIN-CHANT.

À Complies.

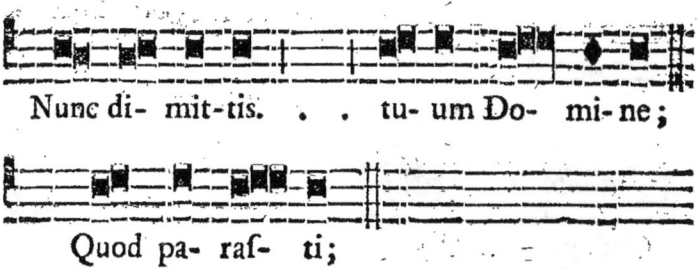

Nunc di-mit-tis . . . tu-um Do-mi-ne;

Quod pa-raf-ti;

Ces trois Cantiques se chantent de même pour le quatrieme ton irrégulier.

Cinquieme ton, à Laudes.

Be-ne-dic-tus . . . If-ra-el;

Et e-re-xit . . . fa-lu-tis no-bis.

Terminaisons à l'a.

pecca-to-rum e-o-rum. O-ri-ens ex al-to.
da-tu-rum se no-bis.

A Vêpres.

Ma- gni- fi- cat.   ſpi-ri-tus me- us.
qui po- tens eſt.

Terminaiſons à l'a.

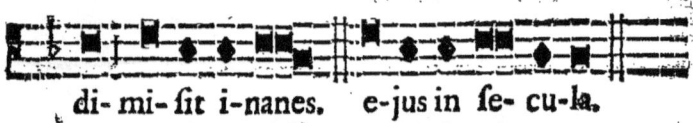
di- mi- ſit i-nanes.   e- jus in ſe- cu-la.

A Complies.

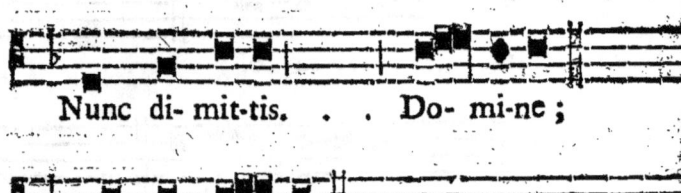
Nunc di- mit-tis. . . Do- mi-ne ;
Quod pa- raſ- ti ;

Terminaiſon à l'a.

verbum tu- um in pa- ce.

POUR LE PLAIN-CHANT. 127

Sixieme ton régulier, à Laudes.

Be-ne- dictus. . . De-us Iſra- el;

ſa- lu-tis no- bis;

Al- tiſ-ſi- mi vo-ca-be-ris;

à Vêpres.

Ma-gni- fi-cat; ſpiri-tus me- us;

magna, qui po- tens eſt;

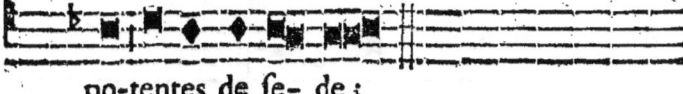
po-tentes de ſe- de;

à Complies.

Nunc di- mit-tis. . . tu-um, Domi-ne;

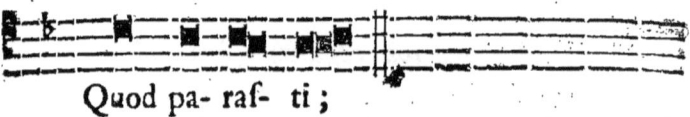

Quod pa- raſ- ti ;

Sixieme ton à la grande F.

Il paroît, par le peu d'exemples qu'on trouve dans nos livres de Chant, pour ceux qu'on auroit dû donner en ce ton, qu'on ne doit ajouter la liaiſon de deux notes du *la* au *ſol*, en deſcendant, que ſur la derniere ſyllabe des mots qui ſe trouvent immédiatement précéder le Chant des médiantes.

à Laudes.

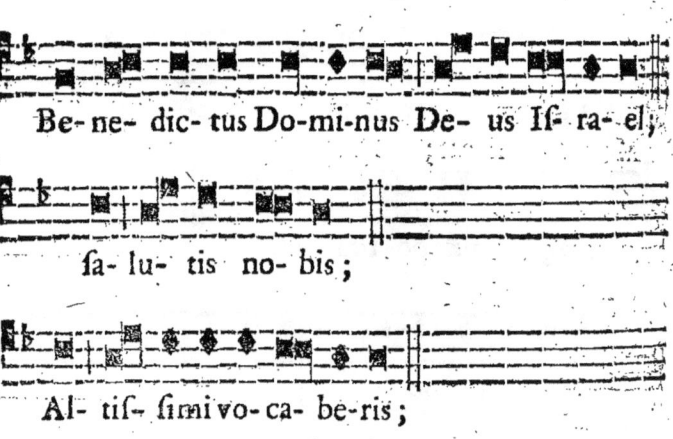

Be- ne- dic- tus Do- mi- nus De- us Iſ- ra- el,

ſa- lu- tis no- bis ;

Al- tiſ- ſimi vo- ca- be- ris ;

Terminaiſons.

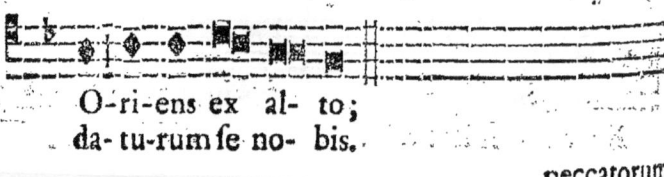

O- ri- ens ex al- to ;
da- tu- rum ſe no- bis.

peccatorum

POUR LE PLAIN-CHANT. 129

pecca- to- rum e- o- rum.

à Vêpres.

Ma- gni- fi- cat;

Et e- xulta- vit spi- ri- tus me- us;

mi- hi ma- gna, qui po- tens est;

po- ten- tes de se- de;

Terminaisons.

& semi- ni e- jus in sæ- cu- la.
di- mi- sit i- na- nes.

à Complies.

Nunc di- mit- tis servum tu- um, Do- mi- ne;
R

130 NOUVELLE MÉTHODE

se-cundum verbum tu-um in pa-ce.

Quod pa-raf-ti;

Sixieme ton irrégulier.

Les Cantiques en ce ton se chantent comme les Pseaumes, excepté l'intonation de

Magni- fi-cat;

Septieme ton, à Laudes.

Be-ne-dic-tus . . De-us Is-ra-el;

sa-lu-tis no-bis;

Al-tis- simi voca-be-ris;

Terminaisons.

O-ri-ens ex al-to;

POUR LE PLAIN-CHANT. 131

pecca- to-rum e- o-rum.
da- tu-rum se no-bis.

à Vêpres.

Magni- fi-cat; spi- ri-tus me- us;

ma- gna, qui po-tens est;

Terminaisons.

& semi-ni e-jus in se- cu-la.
di-mi-sit i- na- nes.

A Complies.

Nunc di-mit- tis ser-vum tu- um, Domi- ne;

se-cundùm verbum tu- um in pa- ce.

Huitieme ton, à Laudes.

Be-ne-dic-tus Do-minus De- us Is- ra-el;

R 2

DE L'UNISON.

L'Uni-son consiste à chanter toutes les pieces de Chant du même Office à la même hauteur.

Il faut savoir fixer la dominante de tous les Pseaumes, ainsi que des autres pieces de Chant à la même corde, & il faut la supposer dans les grandes Fêtes, & même solemnelles, à la troisieme, c'est-à-dire au *la*. Si cette dominante excédoit la hauteur de cette corde, elle feroit monter le Chant jusques dans la partie des voix enfantines.

134   NOUVELLE MÉTHODE

Quatrieme ton régulier.

De-us, De-us me-us;

Quatrieme ton irrégulier.

De-us, De-us me-us;

Cinquieme ton.

De-us, De-us me-us;

Sixieme ton régulier.

De-us, De-us me-us;

Sixieme ton irrégulier, à la grande F.

De-us, De-us me-us;

Sixieme ton irrégulier, à la petite f.

De-us, De-us me-us;

Septieme ton.

De-us, De-us me-us;

Huitieme ton.

De-us, De-us me-us;

Nota. 1°. On ne doit jamais reposer au milieu d'un membre d'une période; mais à une virgule, ou à une virgule avec le point, s'ils se rencontrent.

POUR LE PLAIN-CHANT.

2°. On ne doit jamais séparer l'adjectif du substantif lorsqu'ils se suivent.

Grand nombre reposent après le mot *veritas* dans le sixieme verset du deuxieme Pseaume, aux Vêpres du Dimanche ; mais il faut reposer, si on arrête, après le mot *ejus*, ainsi qu'il suit :

2ᵉ ton au D.   ope-ra ma-nu-um e-jus, ve-ri-tas

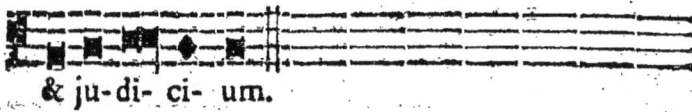

& ju-di-ci-um.

D'autres reposent après le mot *despiciat* dans le septieme verset du troisieme Pseaume du Dimanche ; mais il faut reposer, si on arrête, après le mot *commovebitur*, ainsi qu'il suit :

3ᵉ ton à l'A.   non commo-vebitur, donec despici-at

i-nimi-cos su-os.

D'autres reposent après le mot *merces* dans le quatrieme verset du cinquieme Pseaume, aux Vêpres du Mardi ; mais il faut reposer après le mot *filii*, ainsi qu'il suit :

7ᵉ ton au c.   ecce he-re-di-tas Domi-ni, fi-li-i ;

merces fruc-tus ven-tris.

Le substantif avec l'adjectif.

Grand nombre reposent après le mot *aquis*, à la fin du douzième verset du Cantique férial, aux Laudes du Lundi; mais il faut reposer après le mot *plumbum*, ainsi qu'il suit :

5e ton à l'a.

submer-si sunt qua-si plumbum in aquis ve-hemen-tibus;

3°. Grand nombre traînent le Chant sur le *mi*, dans la terminaison du deuxième ton au petit d, ainsi qu'il suit :

à dex-tris me-is. timor Domi-ni.

Il faut chanter :

à dextris me-is. timor Do-mi-ni.

Sur le *la*, dans la médiante du deuxième ton au D, ainsi qu'il suit :

POUR LE PLAIN-CHANT. 137

in vi- â bi-bet. mi-se-ra-tor Do-mi-nus.

Il faut chanter :

in vi- â bi- bet; mi-se-ra-tor Do- mi-nus;

Dans le *Magnificat*, médiante du quatrieme verset :

ma-gna qui po- tens est;

Il faut chanter :

magna, qui po- tens est;

Sur le *mi*, dans la terminaison du quatrieme ton irrégulier, ainsi qu'il suit :

se-cu-lo-rum A-men.

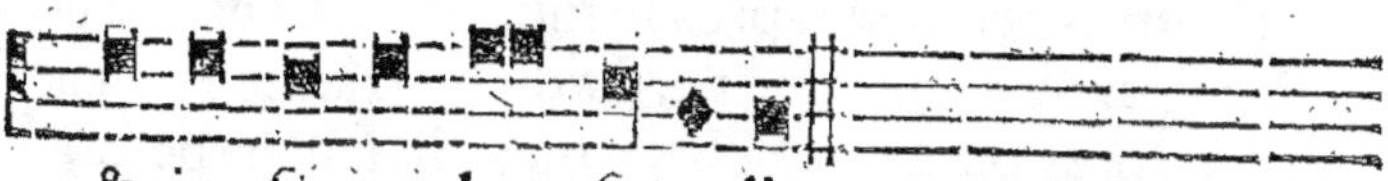

& in se-cu-lum secu-li.

Il faut chanter :

se-cu-lo-rum. A-men.

S

& in se-cu-lum se- cu- li.

Sur le dernier *fa*, dans la médiante du septieme ton, ainsi qu'il suit :

manda- vit de te.   cum prin-ci- pi- bus.

Il faut chanter :

manda- vit de te;

cum prin-ci- pi-bus.

Sur le dernier *ut*, dans la terminaison du huitieme ton, ainsi qu'il suit :

secu- lo- rum. A-men. in se-cu- lum se-cu- li.

Il faut chanter :

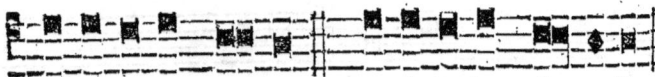

se-cu lo-rum. A-men.   in se-cu-lum se- cu- li.

D'autres reposent après le mot *omnibus* dans la premiere partie du dernier verset du deuxieme Pseaume, aux Vêpres du Dimanche ; mais il faut reposer, si on arrête, après le mot *bonus*, ainsi qu'il suit :

In-tellectus bonus, omnibus faci-en-tibus e-um, &c. &c.

Du Faux-Bourdon.

AFIN de ne laisser rien à desirer, & de satisfaire MM. les Curés & MM. les Ecclésiastiques qui aiment cette partie du Chant de l'Eglise nommée Faux-Bourdon, d'où naissent des accords qui forment une harmonieuse & majestueuse mélodie, on en a donné un exemple pour chaque ton.

On entend par Faux-Bourdon le Chant de la Psalmodie accompagné par basses & par dessus.

Mais il n'y a qu'à la Cathédrale, & dans quelques grandes Eglises où il y a musique, que l'on puisse trouver des voix propres & exercées au Chant des dessus. C'est pourquoi l'on n'a inséré ici que les parties du Chant de la Psalmodie, & celles des basses pour l'accompagner.

Il faut faire chanter la Psalmodie par des voix communes, & la basse ou accompagnement par de grosses voix; par un serpent, s'il se trouve.

Il faut aussi observer très-strictement de frapper ensemble les notes qui doivent elles-mêmes parler ensemble sur les mêmes syllabes.

Toutes les terminaisons des tons ne convenant pas si bien au Faux-Bourdon, on peut s'en tenir à celles pour le premier ton en *re* & en *la*; pour le troisieme en *la*, au grand A; pour le quatrieme en *mi*; pour le septieme en *re* & en *sol*, & pour le huitieme en *sol* aussi.

Il faut encore prendre le Chant de la Psalmodie droit à la dominante, & n'avoir égard ni aux mots indéclinables, ni aux monosyllabes; ils causeroient de la dissonance dans les deux parties.

Dans les Eglises où il y a orgue aux Cantiques *Magnificat*, *Benedictus* & *Nunc dimittis*, & où le Chœur n'est composé que de voix communes, MM. les Organistes (qu'il y ait accompagnement ou non) pourront prendre pour dominantes du deuxieme, du troisieme & du huitieme ton, le *si bémol*: pour celles du cinquieme & du septieme ton le *la*; & toucheront les Cantiques à l'alternative avec le Chœur, commençants par le premier verset.

Dans les Eglises où le Chœur seroit composé de Basses-tailles, ils prendront pour dominantes le *sol*.

Nota. 1. Afin de descendre justement à la quinte du Chant, pour la teneur des versets, l'on a fait partir la basse de la premiere note du Chant.

2. Pour empêcher les notes de l'accompagnement de descendre trop au-dessous des portées, dans le deuxieme, & le sixieme ton irrégulier, à la petite, on a monté la clef de *fa* à la plus haute corde, ainsi que la clef d'*ut* pour la basse du cinquieme ton.

3. L'on a mis jusqu'à quatre notes de suite à l'unisson dans certaines médiantes, & dans certaines finales, pour répondre à celles du Chant, & marquer les tenues de la basse, pour la parfaite exécution de l'accompagnement; & ces quatre notes n'en font qu'une qui dure le temps de celles avec lesquelles elles parlent, afin que le Chant & la basse finissent ensemble.

POUR LE PLAIN-CHANT. 141

Premier ton régulier.

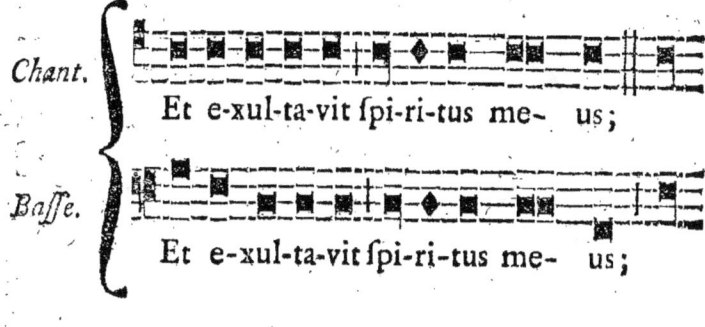

Terminaisons au grand D & à l'a.

Nouvelle Méthode

Premier ton irrégulier.

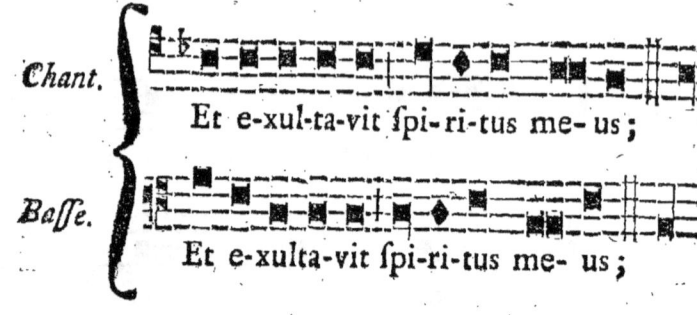

Deüxieme ton en d.

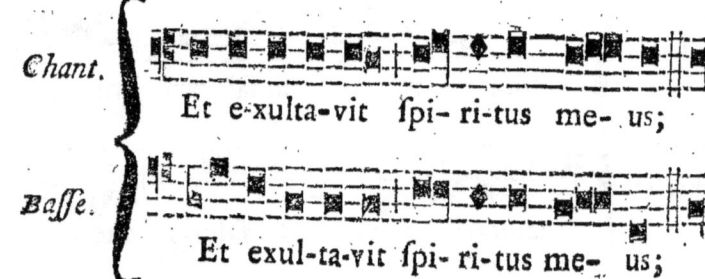

POUR LE PLAIN-CHANT. 143

Chant.

Cette même Basse peut servir pour la terminaison au D ; mais la premiere partie se chante ainsi qu'il suit :

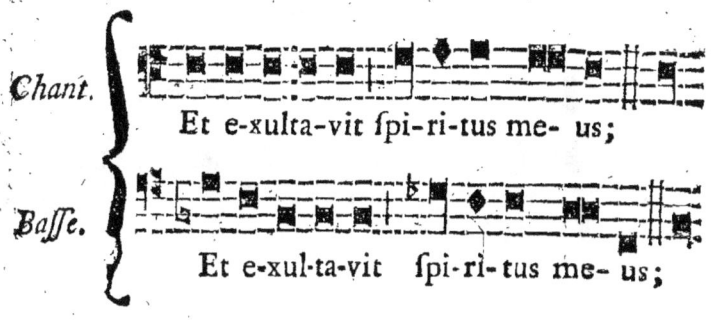

Troisieme ton.

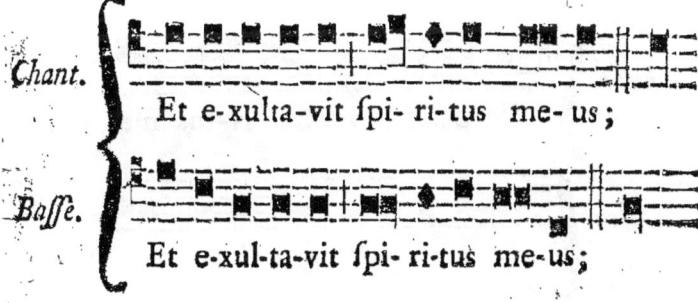

NOUVELLE MÉTHODE

Terminaisons à l'e.

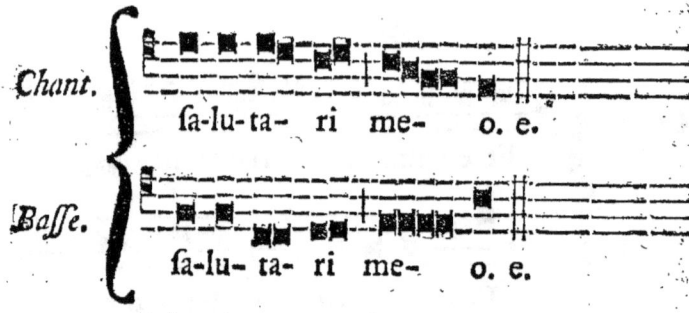

Quatrieme ton.

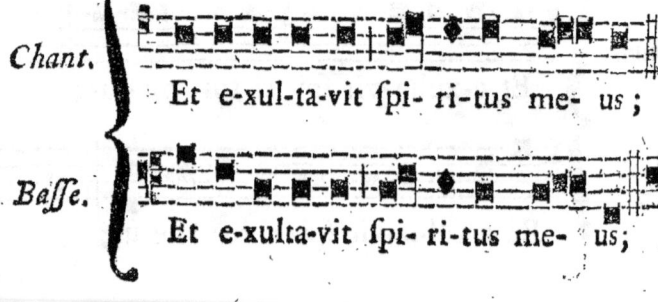

POUR LE PLAIN-CHANT. 145

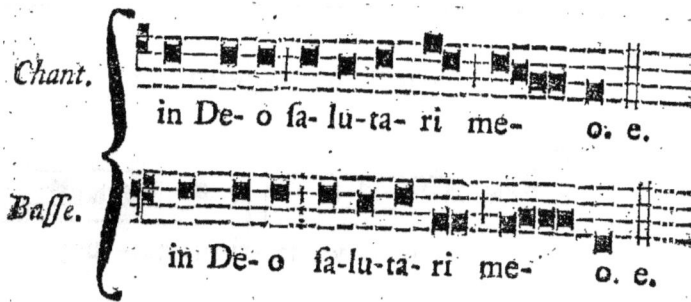

Cinquieme ton.

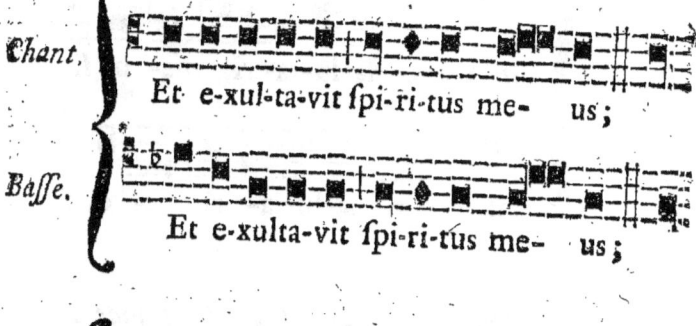

Cette même basse sert pour la terminaison à l'f.

T

NOUVELLE MÉTHODE

Sixieme ton régulier.

Sixieme ton irrégulier, à la grande F.

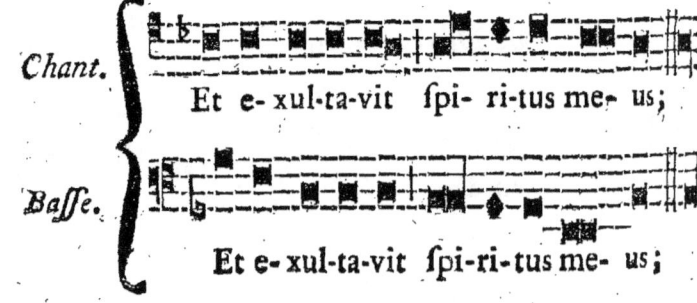

POUR LE PLAIN-CHANT. 147

Sixieme ton irrégulier à la petite f.

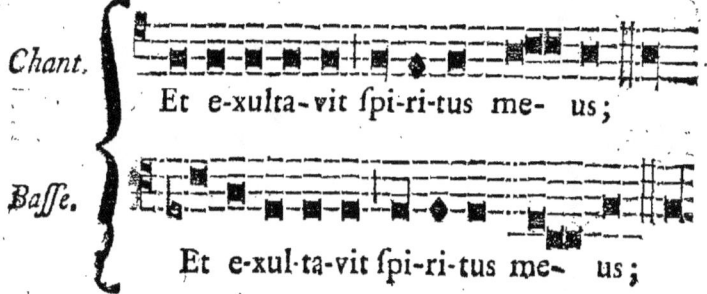

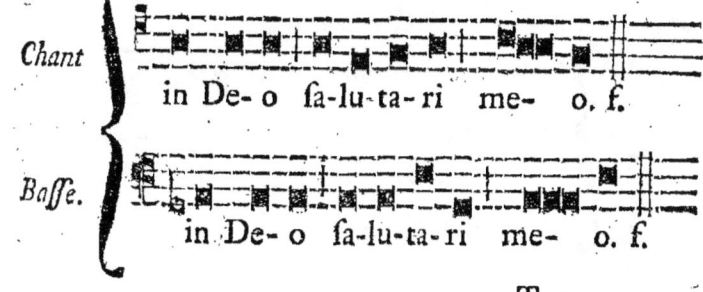

T 2

Septieme ton.

Terminaisons au g.

POUR LE PLAIN-CHANT. 149

Huitieme ton.

Chant. Et e-xul-ta-vit spi-ri-tus me- us;

Basse. Et e-xul-ta-vit spi-ri-tus me- us;

Chant. in De- o sa-lu-ta-ri me- o. g.

Basse. in De- o sa-lu-ta-ri me- o. g.

DES NEUMES.

CHAQUE ton a son neume propre. Le Neume est une mélodie qui se fait à la fin des antiennes, & qui se termine par la même note de chaque antienne.

Dans les Fêtes solemnelles, & les Fêtes triples de premiere classe, le Neume se chante à la fin de toutes les antiennes. Il ne se chante qu'à la fin de la derniere répétition des antiennes pour les Cantiques évangéliques, *Benedictus* & *Magnificat*.

On ne le chante point à la fin des Antiennes pour le *Nunc dimittis*, à Complies, ni à la fin des Antiennes pour les Mémoires.

Dans les Fêtes triples de seconde classe, les Fêtes doubles, les Dimanches, les semi-doubles & au-dessous, on ne chante de Neume qu'à la fin de la derniere Antienne de Matines, de Laudes, de Vêpres, de Complies, des petites Heures, & à la fin des Antiennes des Cantiques *Benedictus* & *Magnificat*. On le chante toujours à la fin de l'Hymne *Te Deum*. On ne chante point de Neume depuis le Jeudi-Saint inclusivement, jusqu'au Samedi après Pâques, à Vêpres, exclusivement, ni pendant l'octave de la Pentecôte; & jamais au petit Office de la Sainte Vierge, ni à celui des Morts.

Le Neume, dit saint Augustin, est un cri de jubilation, par lequel le cœur s'efforce de proférer ce qu'il ne peut exprimer. Nous ne pouvons parfaitement rendre l'idée que nous avons de Dieu; nous ne devons cependant pas taire ce qu'il nous a révélé de lui-même dans ses saintes écritures. Le Seigneur est infini dans ses grandeurs & dans ses perfections; l'étendue de la gloire & des louanges que nous lui devons, doit donc être immense, & ne doit par conséquent

POUR LE PLAIN-CHANT.

être renfermée dans la prononciation de quelques syllabes ou de quelques mots (1).

Telle est, en effet, la fin des Neumes, de répéter en quelque sorte le Chant des Antiennes dans celui des Neumes, sans proférer aucune parole, ni prononcer aucune syllabe, pour marquer au Seigneur l'immensité de la gloire que nous désirerions pouvoir lui rendre, & toute l'étendue des louanges qui lui sont dues.

NEUMES POUR TOUS LES TONS.

Neume du premier ton.

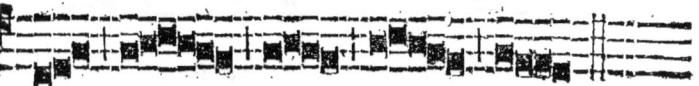

Neume du deuxieme ton.

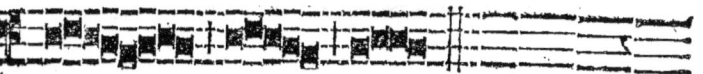

Neume du troisieme ton.

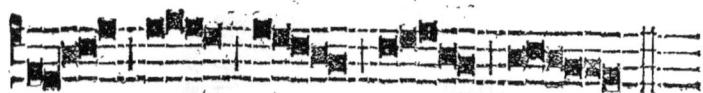

Neume du quatrieme ton.

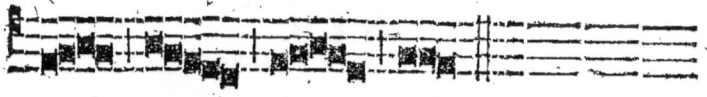

---

(1) *Jubilus sonus quidam est significans cor parturire quod dicere non potest : & quem decet ista jubilatio, nisi ineffabilem Deum ? ineffabilis enim quem fari non potes : Etsi cum fari non potes ; & tacere non debes. Quid restat ? nisi ut jubiles.* Sanctus Augustinus in Psalmum 32.

NOUVELLE MÉTHODE

Neume du cinquieme ton.

Neume du sixieme ton.

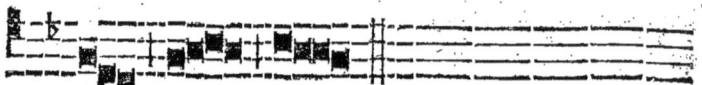

Neume du septieme ton.

Neume du huitieme ton.

ARTICLE II.

POUR LE PLAIN-CHANT. 153

ARTICLE SECOND.

Des Hymnes du Chant Grégorien, lesquelles se chantent à temps égaux, ou à mesure naturelle. Des Hymnes du Chant Ambrosien, lesquelles se chantent à mesure réglée, soit à deux, soit à trois temps. Des Elisions.

LES FÊTES DE LA SAINTE VIERGE, A COMPLIES.

Chant Grégorien (1).

Irgine-is ti-tulis Matris quæ jungit honores,

Hâc na-tos fo-ve-at nocte be-nigna su-os.

Les Fêtes des Saints, à Complies.

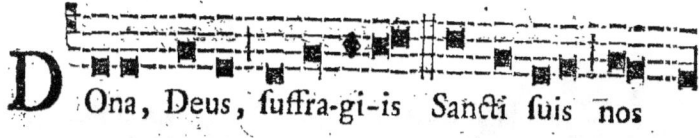

Ona, Deus, suffra-gi-is Sancti suis nos

---

(1) *Sanctus Gregorius Magnus Cantum-Planum instituit, de qui plano procedens; singulas notas (longas) æquali mensurâ, dimetitur. Cardinalis Bona, de divinâ Psalmodiâ, c. 27, §. 4.*

Ce qui marque qu'on ne doit point tenir plus de temps sur l'une que sur l'autre de toutes les notes quarrées.

V.

ad-juvent ; Ut quos a-doptas fi-li-os. Curâ pa-ter-nâ prote-gas.

La Fête de Noël, à Vêpres.

UMbra se-pul-tis lux o-ri-tur nova, Mundo stupenti se simul exhibent. Infans Cre-a-tor, Virgo Mater; Seque minor De-us ip-se fa-ctus.

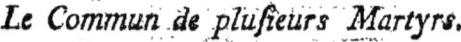

Le Commun de plusieurs Martyrs.

QUanto mor-te sa-crâ, quos ti-bi de-vo-ves, Firmas, Christe, tu-os ro-bo-re mi-li-

POUR LE PLAIN-CHANT. 155

tes ! Ad tor-men-ta ve-hit non pa-vidos mori,

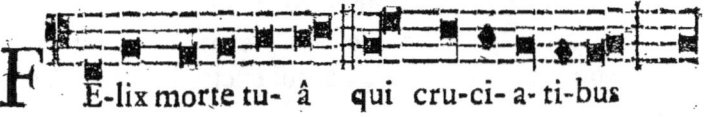
Quam das igne-a chari- tas.

Le Commun d'un Martyr, à Vépres.

FE-lix morte tu- â qui cru-ci-a-ti-bus

Cœ-lo dif-fi-ci-lem rumpere amas vi-am :

Et signa- re cru-o-re Quam Christo dede-ras

fi-dem.

V 2

Chant Ambrosien (1).

ON ne peut douter que la beauté du Chant des Hymnes, ne dépende de l'exactitude avec laquelle on doit le rendre. Ne pas donner aux mesures du Chant, l'espace de temps nécessaire, ou le trop prolonger, c'est ôter au Chant sa marche réglée ; c'est rompre à chaque instant sa cadence naturelle ; c'est le frustrer de ce qui le rend intéressant ; c'est lui ravir ce qui l'anime, ce qui plaît, ce qui excite l'ardeur des Fideles.

Cependant, faute d'instruction (2), une ignorante routine a tenu depuis long-temps, & tient encore aujourd'hui lieu de mesure réglée ; & on se croit encore bien chanter, tandis qu'on ne sait ni observer les pauses, lorsqu'elles se rencontrent, ni faire sentir la cadence du vers, ni celle du Chant, encore moins conserver l'union des voix, &c. Qu'entend-on, en effet, dans un Chœur où l'on ne chante les Hymnes, sur-tout celles du Chant Grégorien, que par routine ?

L'un devancer d'une syllabe celui qui sait mieux le Chant, & l'autre de plusieurs : l'un chanter plusieurs notes sur une syllabe qui n'en doit porter qu'une, & l'autre ne chanter qu'une note sur une syllabe qui en doit porter plusieurs (ce qui a donné lieu au nou-

---

(1) *Ambrosiana musica, cujus notæ inæquales mensuram variant, vocatur mensuralis & nova: Ambrosiana verò ab Autore.* Alstedius, tome 2, Encyclopediæ, lib. 20 de Musicâ, c. 10.

(2) L'ancienne Méthode a bien donné quelques strophes d'Hymnes & quelques répons pour exercer les jeunes gens ; mais elle n'a rien dit sur la maniere de les bien exécuter.

veau Livre des Hymnes en 1777). Il plaît à l'un de passer légèrement sur des syllabes & sur des notes graves, & il plaît à l'autre de traîner le Chant sur des syllabes & sur des notes de moyenne durée. De sorte qu'on ne les entend presque jamais d'accord ensemble, pas même à la fin des strophes : il y a toujours quelqu'un qui les finit, ou trop tôt, ou trop tard. Souvent même encore on remarque cette honteuse mésintelligence dans les autres pieces de Chant, comme Introïts, Graduels, Répons, &c. où chacun se permet d'aller à sa fantaisie ; & voilà ce que c'est que de ne savoir chanter que par routine. Le moyen le plus efficace, pour rétablir l'ordre, & conserver l'union parmi les voix, seroit sans doute d'apprendre ce que c'est que mesure. Un seul dans un Séminaire, ou dans un Collége, instruit à cet égard, pourroit, en peu de temps, instruire grand nombre de ses condisciples : & ceux-ci d'autres, &c. & ce seroit ainsi qu'au bout de certain nombre d'années, l'on verroit abolie cette déplorable routine, & même parmi le peuple qui se fixe sur ceux qui conduisent le Chant.

Il faut commencer par donner une idée de la mesure, soit à deux temps, soit à trois temps, en désignant la valeur des notes dans chaque mesure.

Dans la mesure à deux temps, la note quarrée ■ tient un temps ; deux notes quarrées remplissent par conséquent la mesure. La note moyenne ♩ ne tient que trois quarts de temps. La note losange ♦ ne tient que la moitié du temps de la quarrée ; mais, si cette derniere se trouve immédiatement précédée de la note moyenne, elle ne tient plus que la moitié de son temps naturel ; savoir, un quart de temps, parce que la précédente lui emprunte la moitié de sa valeur. Ainsi une note moyenne & sa losange alors breve, ne tiennent qu'un temps, avec

158   NOUVELLE MÉTHODE

une note quarrée ensuite ; toutes trois remplissent la mesure. Une note quarrée, avec deux losanges, ainsi que quatre losanges de suite, la remplissent également.

Exemple de la mesure à deux temps.

Notes de Plain-Chant.

7 mesures.

Double note qui tient la mesure.

La mesure à deux temps, peut donc être marquée de sept manieres ; mais chaque maniere ne renferme que deux temps.

Tel est le principe du nouveau Chant de Rouen pour la valeur des notes, comme il est marqué pages 39 & 40 ; & ce principe a beaucoup de rapport avec celui de la musique. La note quarrée, pour la note blanche à queue ; la moyenne pour la noire pointée ; la losange simple, pour la noire simple ; la losange breve, pour la noire à crochet, & la double note, pour la ronde qui tient toute la mesure.

Notes de Musique.

7 mesures.

POUR LE PLAIN-CHANT. 159

Nota. Les petites barres ne marquent ici, ni paufes, ni repos, ni refpir ; mais feulement la longueur & le nombre des mefures du Chant ; & la mefure du Chant même doit fe faire fentir fur les notes qui fuivent immédiatement les petites barres. La double barre ne marque que la fin de l'intonation de la premiere ftrophe, & la fin de chaque ftrophe, & ne caufe aucun retard dans la mefure du Chant.

Maniere de battre la mefure, à deux temps.

Le premier temps fe bat ou fe marque par la chûte, ou le frappé de la main droite, & le deuxieme par l'élévation. L'un & l'autre mouvement fe doit faire également, c'eft-à-dire, fans refter plus fur l'un que fur l'autre.

2e O temps.

1er O temps.

Maniere de marquer ou de battre la mefure, à trois temps.

Le premier temps fe marque par la chûte ou le frappé de la main ; le deuxieme, par l'éloignement à droite, & le troifieme par l'élévation. Chaque mouvement doit auffi fe faire également.

3e O temps.

O 2e temps.

1er O temps.

160 NOUVELLE MÉTHODE

Les Dimanches après la Circoncifion, à Vêpres.

HYMNE.

Mefure à deux temps.

Le chant ne commence qu'au deuxieme temps; le premier se passe dans le silence.

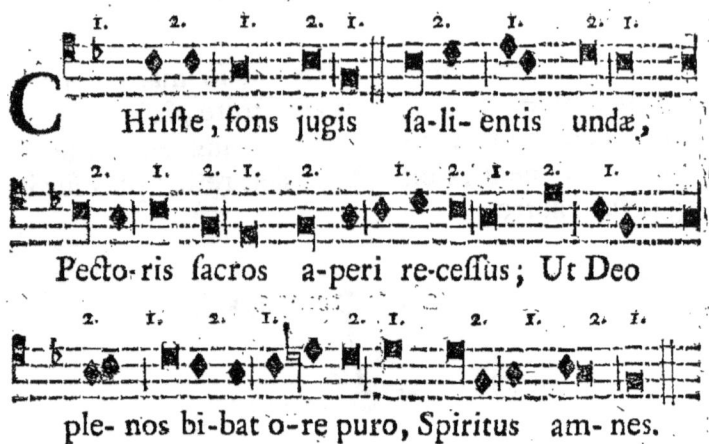

CHrifte, fons jugis sa-li-entis undæ,

Pecto-ris facros a-peri re-ceffus; Ut Deo ple-nos bi-bat o-re puro, Spiritus am-nes.

La Fête de Saint Romain, à Vêpres.

HYMNE.

Mefure à deux temps.

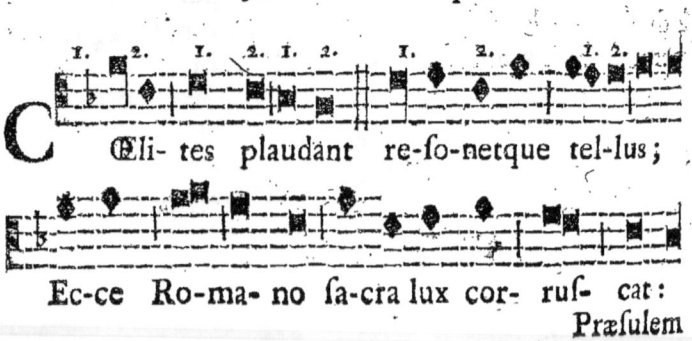

CŒli-tes plaudant re-fo-netque tel-lus;

Ec-ce Ro-ma-no fa-cra lux cor-ruf-cat:
Præfulem

POUR LE PLAIN-CHANT. 161

Præfu-lem fanctum, patri-æ pa-ren-tem Di-ci-te Ci-ves.

Deuxieme strophe.

Na-tus in gen-tis de-cus & falu-tem, &c.

Dans la mesure à trois temps, la note quarrée tient deux temps, & la note losange un temps: ces deux notes remplissent la mesure. Trois losanges de suite la remplissent aussi, & elles se chantent également; c'est-à-dire, sans tenir plus sur l'une que sur l'autre. La note moyenne avec sa losange breve tiennent, comme la quarrée seule, deux temps.

Exemples de la mesure à trois temps.

La mesure à trois temps peut donc être marquée de quatre manieres; mais chaque maniere ne renferme que trois temps.

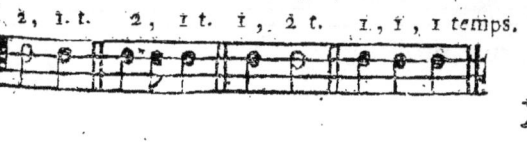

X

NOUVELLE MÉTHODE

Dans la plus grande partie des Hymnes de mesure à trois temps, les deux premiers passent dans le silence: mais le chant commence au premier temps, c'est-à-dire à la premiere note, pour les Hymnes *Creator alme, syderum & Diem sacratum Conditor*, comme on le verra ci-après.

La Fête de l'Annonciation:

HYMNE *à trois temps.*

Hæc illa so-lemnis di-es, Di-es sa-lu-tis nunti-a Quâ missa cœ-lo tris-tibus Vene-re ter-ris gau-di-a.

Le Commun de plusieurs Martyrs, à Laudes.

HYMNE *à trois temps.*

Quam Christe signasti vi-am Primus, profuso san-guine, Per hanc tu-i te for-ti-ter Ducem sequuntur mi-lites.

POUR LE PLAIN-CHANT.

Les Dimanches de l'Avent, à Vêpres.

Le Chant commence ici par le premier temps doublé, c'est-à-dire par une note à deux temps. A la fin de chaque strophe, il faut observer le silence d'un temps, pour en recommencer une suivante, & pour maintenir la mesure jusqu'à la fin de l'Hymne.

HYMNE *à trois temps.*

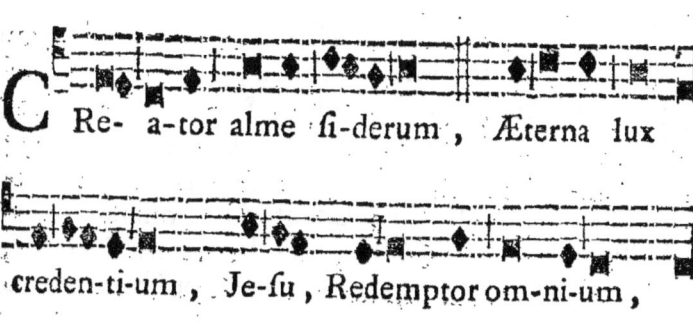

Cre- a-tor alme si-derum, Æterna lux creden-ti-um, Je-su, Redemptor om-ni-um,

Intende votis supplicum. Qui dæmonis, &c.

Il faut observer aussi ce même silence à la fin des strophes de l'Hymne des Complies du Dimanche, & à la fin de chaque vers dans les Proses des Rois, de l'Assomption & des Patrons.

Ce peu d'exemples peut suffire pour apprendre à battre la mesure & faire les pauses. Ceux qui voudront se perfectionner, auront recours au nouveau Livre des Hymnes, imprimé en 1777.

Ils y trouveront toutes les Proses de l'année notées en entier (1).

---

(1) Il se vend chez Pierre Seyer, Imprimeur de Son Eminence Monseigneur l'Archevêque de Rouen, rue du Petit-Puits.

DES ELISIONS.

L'EFFET de l'élision est de donner au Chant du vers dans lequel elle se trouve, un temps de trop; par conséquent d'en retarder, & la mesure & la cadence. On a pris soin de noter, dans le nouveau livre des Hymmes les élisions, tant dans le Chant Grégorien, que dans le Chant Ambrosien, de ma manière que ni le Chant, ni la mesure du Chant, ni même la prononciation, n'en souffrent aucunement.

Nota. 1°. Pour ne point enter deux mots l'un sur l'autre, qui alors ne signifieroient rien, il faut toujours éviter de chanter breve la derniere syllabe des mots. 2°. Il ne faut jamais reposer au milieu, ni dans le cours des mots. On trouve cependant des mots si longs, par le nombre de syllabes, qu'il n'est guere possible (pour peu qu'on chante gravement) de les chanter en entier, sans au moins respirer : il faut toujours faire ensorte de ne pas le faire dans le passage d'une syllabe à une autre, appartenantes toutes deux au même mot (& encore moins y reposer); mais entre deux notes appartenantes à la même syllabe.

POUR LE PLAIN-CHANT.

EXEMPLES.

A la fin du Répons de la station du Saint Jour de Pâque, à la Messe,

On chante ordinairement :

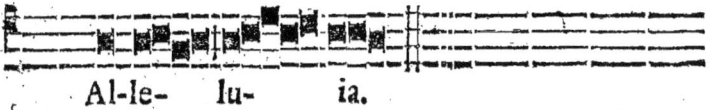

Al-le- lu- ia.

Il faut chanter :

Al-le- lu- ia.

On chante ordinairement aussi :

Al-le- lu- ia.

Il faut chanter :

Al-le- lu- ia.

ARTICLE TROISIEME.

Des Verſets qui ſe chantent après les Hymnes de Laudes, *de* Vêpres, *de* Complies, *& à la fin des Nocturnes: des* Benedicamus Domino, *ſelon les Fêtes. Des verſets* Domine labia mea, *&c.* Gloria Patri, *&c. &* Laus tibi, Domine, *&c.*

Du Pater noſter, *des Abſolutions, & des Bénédictions, à Matines.*

Des Leçons, & des Homélies. Du verſet Sacerdotal, à Laudes. Du verſet Dominus vobiſcum, *& des Oraiſons. Du Symbole* Quicumque *à Prime. Du Capitule. Du Kyrie eleïſon. Du Confiteor, & du Miſereatur. Du verſet* Pretioſa, *&c. avec les verſets & l'Oraiſon qui le ſuivent. Du* Dominus vobiſcum, *& des Oraiſons aux petites Heures, à Complies & aux Saluts. Du Chant de l'Epître & de l'Evangile, à la Meſſe.*

Des verſets après les Hymnes, & à la fin des Nocturnes.

LES verſets ſe chantent, dans les Fêtes ſolemnelles, & dans les Fêtes triples, par trois Acolytes, ou par trois Clercs, au milieu du Chœur. Dans les Fêtes doubles, & les Dimanches, par deux. Dans les ſemi-doubles, les ſimples & les féries, par un ſeul au bout du banc de ſon côté, comme auſſi le verſet de Complies, pour quelque Fête que ce ſoit.

POUR LE PLAIN-CHANT.

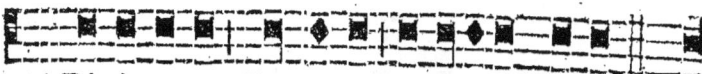

℣. Di-ri-ga-tur, Domi-ne, o-ra-ti-o me-a.

Neume pour tous ces verſets.

A ce verſet & à ſes ſemblables, le Chœur ne répond point ; mais il en récite la réponſe tout bas.

On y ajoute *Alleluia*, avant le neume, pendant tout le Temps paſchal, dans les Fêtes ſolemnelles & dans les Fêtes triples.

Les verſets de ténebres ſe chantent toujours par un ſeul ; & ſe terminent ainſi qu'il ſuit :

℣. Vidiſti, Do-mine, ne ſile-as.

Aux Matines des Morts, le verſet à la fin de chaque Nocturne, ſe chante par le Célébrant, ainſi qu'il ſuit ; & le Chœur répond de même.

Le Céléb.

℣. In me-moria æ-terna erit juſ-tus ;

Le Chœur.

℟. Ab auditi-one ma-la non ti-me-bit.

Des Benedicamus.

Dans les Fêtes solemnelles & dans les Fêtes triples, aux premieres & aux secondes *Vêpres*, ainsi qu'à *Laudes*, après la premiere oraison, se chante le *Benedicamus* suivant :

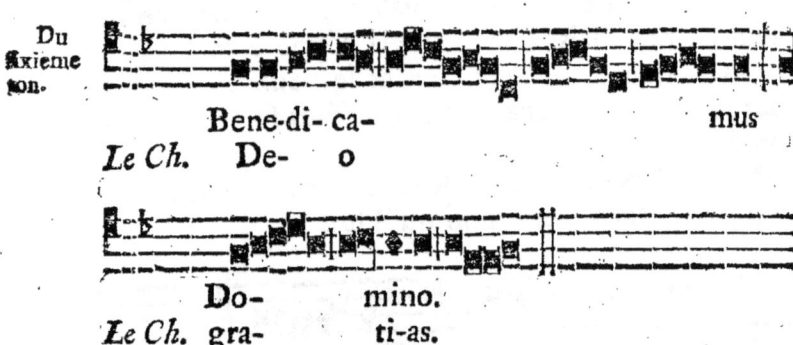

Du sixieme ton.

Bene-di- ca-   mus
Le Ch.   De-   o

Do-   mino.
Le Ch. gra-   ti-as.

Dans ces mêmes Fêtes, aux premieres & aux secondes *Vêpres*, ainsi qu'à *Laudes*, après la derniere Oraison se chante celui qui suit :

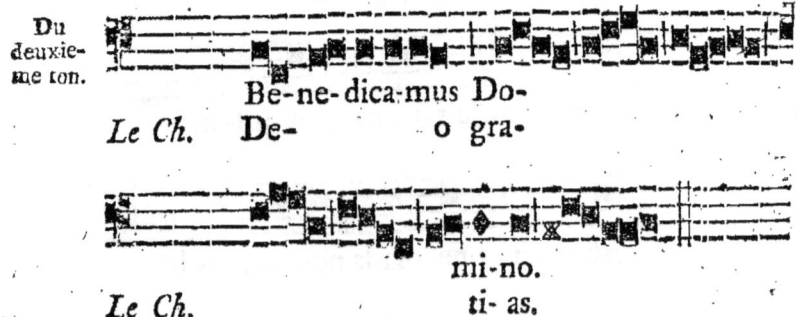

Du deuxieme ton.

Be-ne-dica-mus Do-
Le Ch.   De-   o gra-

                mi-no.
Le Ch.   ti- as.

Dans les Fêtes doubles, aux premieres & aux secondes *Vêpres*, ainsi qu'à *Laudes*, après la premiere Oraison, se chante *le Benedicamus* suivant :

Benedicamus

POUR LE PLAIN-CHANT. 169

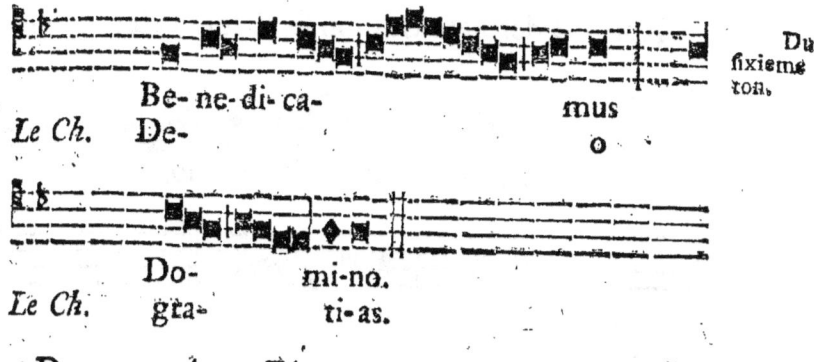

Dans ces mêmes Fêtes, aux premieres & aux secondes *Vêpres*, ainsi qu'à *Laudes*, après la derniere Oraison, se chante celui qui suit :

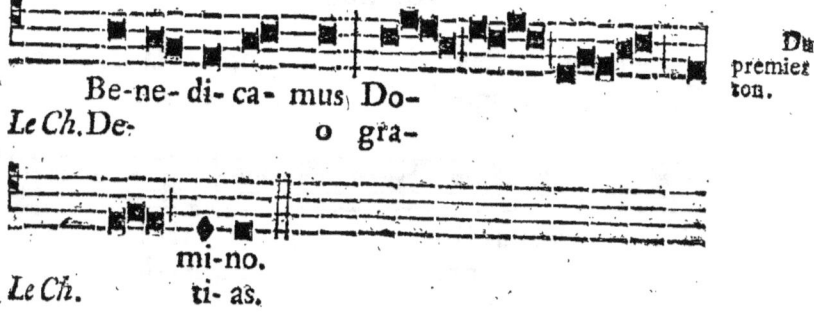

Les Dimanches aux premieres & aux secondes *Vêpres*, ainsi qu'aux *Laudes*, après la premiere Oraison, se chante le *Benedicamus* suivant. (C'est l'usage dans la Cathédrale.)

Y

Après la derniere Oraison se chante celui qui suit:

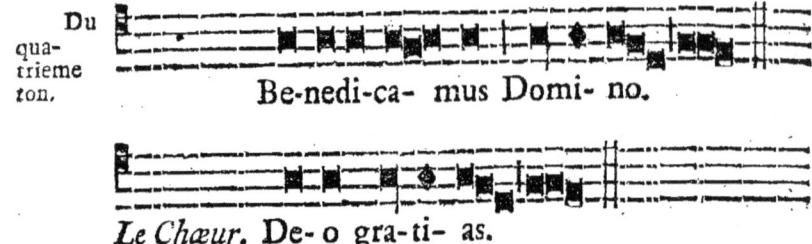

Ce dernier *Benedicamus* se chante dans les semidoubles, les simples & les féries, aux premieres & aux secondes *Vepres*, ainsi qu'à *Laudes*, après la premiere & la derniere Oraison.

Pendant l'Octave de Pâque, après la premiere Oraison, se chante le *Benedicamus* suivant :

Pendant la même Octave, après la derniere Oraison, se chante celui qui suit :

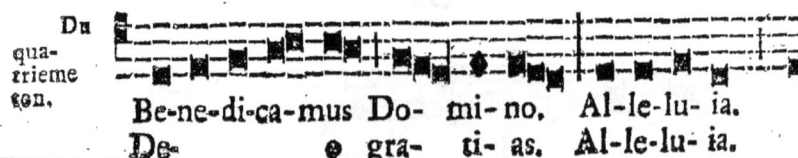

POUR LE PLAIN-CHANT. 171

Al-le- lu- ia.
Al-le- lu- ia.

Selon l'ancien usage, on chante ce dernier *Benedicamus*, avec ses *Alleluia*, après la dernière Oraison, s'il y a mémoire aux Vêpres, la veille de la Septuagésime.

Des versets Domine, labia mea, *&c.* Deus in adjutorium, *&c.* Gloria Patri, *&c.* & Laus tibi, Domine, *&c.*

AUX MATINES.

Le Célébrant.
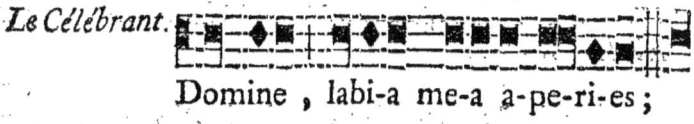
Domine, labi-a me-a a-pe-ri-es;

Le Chœur.
Et os me-um annunti-abit laudem

tu-am.

Le Célébrant.
De-us in adjutori-um me-um

in-ten-de.

Le Chœur.

Do-mi-ne, ad ad-ju-van-dum me fes-ti-na. Glori-a Pa-tri, & Fi-li-o, & Spiri-tu-i sanc-to ; sicut erat in principi-o, & nunc & semper & in sæcu-la sæ-culo-rum. A-men.

Al-le-lu-ia.

Depuis la Septuagésime jusqu'à Pâque, au lieu d'*Alleluia*, on chante :

Laus tibi, Domi-ne, Rex æ-ternæ glo-ri-æ.

Du Pater noster.

Le Célébrant.

Pa-ter noster.

Le reste tout bas jusqu'au verset :

Et ne nos indu-cas in ten-ta-ti-o-nem.

Le Chœur. Sed li-be-ra nos à ma-lo.

Des Absolutions, et des Bénédictions.

Absolution.

Le Célébrant. De-us incli-net corda nostra ad se, ut custo-di-amus man-da-ta e-jus.

Le Chœur. A-men.

Celui qui doit chanter la Leçon, ou l'Homélie, chante, tourné vers le Célébrant :

Jube, Domne, bene-di-cere.

Bénédiction.

Le C. De-us spe-i reple-at nos, &c. in cre-den-do.

174 NOUVELLE MÉTHODE.

Le Chœur.

A-men.

Des Leçons.

Il y a sept choses à observer dans le chant des Leçons & des Homélies; 1°. le texte; 2°. le point seul; 3°. les deux points, & le point avec la virgule; 4°. la virgule; 5°. le point interrogant; 6°. les noms indéclinables; 7°. la conclusion.

Au texte, comme au point seul, le Chant tombe à la quinte.

De I-sa-ï-a Pro-pheta.

Homi-li-a sanc-ti Joannis Chri-sof-to-mi.

Au point seul.   Au point seul.

. . . di-cit Do-minus.   . . Ju-dæ-o-rum

Aux deux points.   Aux deux points.

. . . Ait Domi-nus;   non est hic :

Au point avec la virgule.

Et modicum videbi-tis me ;

À la virgule seule.

Cantate Domino, quo-ni-am magni-ficè,

Et au point interrogant, le chant tient aussi à la dominante, excepté aux monosyllabes.

Points interrogants.

Ita ju-di-ces ? Quid dicam vo-bis ?

Points interrogants avec un monosyllabe.

Laudo vos ?   Ubi est ?

Le nom indéclinable & le monosyllabe, à la fin d'une période, se chantent comme un point interrogant avec un monosyllabe.

Monosyllabe, & noms indéclinables.

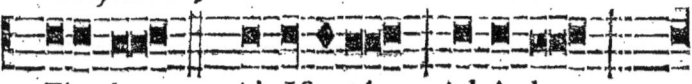

Fiat lux.   Ab Isra-el.   Ad A-dam.

Ad montem De-i Ho-reb.

Quoique le nom *Jesus* se décline, il suit cependant la regle des noms indéclinables.

Jesus.   Ad Jesum.

A la conclusion des Leçons, le Chant tombe à la quinte, comme au point seul.

Conclusion.

Tu au-tem, Domi- ne, miserere nos-trî.

Le Chœur répond ainsi.

De-o gra- ti-as.

A l'Office des Défunts, les Leçons se chantent comme ci-dessus; mais elles se terminent sans conclusion, & le Chant finit à la dominante.

Monosyllabe.

à ti- ne-a. dies e- jus. vita & pax.

Du Verset sacerdotal, à Laudes.

Le Célébrant.

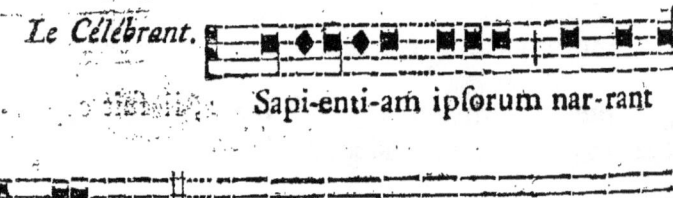

Sapi-enti-am ipsorum narrant

Po- puli.

Le

POUR LE PLAIN-CHANT.

Le Chœur.

Et laudem e-o-rum nun ti-et Eccle-si-a.

Dans les Fêtes triples & au-dessus (& dans tout le Temps paschal), on chante à la dominante, tout le mot *Populi*, & celui *Ecclesia* ; &, après une pause d'une note, on ajoute :

Al-le-lu-ia.

S'il se rencontre un monosyllabe, ou un nom indéclinable, il se chante comme il suit :

Monosyllabe.   Nom indéclinable.

nocte co-ram te.   de radice Jes-se.

A VÊPRES ET AUX PETITES HEURES.

Le *Deus in adjutorium*, &c. se chante comme à Matines.

Tous les capitules se chantent, & se terminent comme le verset sacerdotal.

Du Verset *Dominus vobiscum*, & des Oraisons.

Le Célébrant.

Dominus vobiscum.

Z

178 NOUVELLE MÉTHODE

Le Chœur répond :

Et cum spiritu tu-o.

Le Célébrant.

O-re-mus. De-us qui corda Fide-

li-um, &c. . . . conso-la-ti-o-ne gaude-re. fin.

totâ virtute per-fi-ci-ant. fin. Per Domi-num Conclusion.

nos-trum, &c. . . . Per omni-a sæ-cula

sæ-cu-lo-rum. Le Chœur répond. A-men.

Si entre la premiere & la derniere Oraison, il s'en trouve une autre, ou même plusieurs, on les termine comme il suit :

Et æ-ternâ perfru-i læ-ti-ti-a. Per Chris-tum

Do-mi-num nos-trum.

A PRIME.

Du Symbole Quicunque.

Au verset qui *passus est*, le Chœur éleve la dominante du Chant d'un ton, & continue jusqu'à la fin.

Le Capitule se chante comme il est marqué, page 177, à Vêpres.

Du Kyrie eleison.

Le Célébrant.

Ky-ri-e e-le-i son.

Le Chœur.

Chriſte e-le-i-ſon.

Le Célébrant.

Ky-ri-e ele-i-ſon.

Et tout de ſuite :

Pater noſ-ter,

Le reſte ſe dit tout bas, juſqu'au verſet :

Et ne nos indu-cas in tenta-ti- o-nem.

Le Chœur répond :
Sed li-bera nos à ma-lo.

Le *Confiteor*, le *Misereatur* & l'*Indulgentiam* se disent à voix basse, mais intelligible. Les versets d'après, comme ceux qui précedent. S'il se rencontre un monosyllabe, un nom indéclinable, le Chant tombe à la tierce, & remonte à la dominante, comme en la page 177.

Le Célébrant.
Do-mi-nus vo-bif-cum.

Le Chœur.
Et cum spi-ri-tu tu- o.

Le Chant de l'Oraison, ainsi qu'aux autres petites heures, & à Complies, se termine en tombant à la quinte, & celui de la Conclusion à la tierce.

Le Célébrant.
O-re-mus Do-mi-ne, Deus
omni-potens, &c. . . . . co-gi-ta-ti-ones
& o-pera. Per Do-mi-num, &c. . . . Per omni-a sæcula sæcu-lo-rum.

Le Chœur répond.

A-men.

Après l'Oraison le Célébrant répete *Dominus vobiscum*, & chante lui-même (ainsi qu'à la fin des Oraisons des autres petites Heures, & de Complies) le *Benedicamus*, comme il suit :

Le Célébrant.

Be-ne-di-ca-mus Domi- no.

Le Chœur. De- o gra-ti- as.

Le Martyrologe se chante comme les Leçons.

Le verset *Prætiosa*, &c. les Oraisons & les versets suivants (dans le Chapitre, se disent sans Chant) au Chœur, ils se chantent à voix basse, en tombant à la tierce.

Le *Deus in adjutorium* se répete trois fois, & se chante comme il suit, ainsi que le *Gloria Patri*, à la fin.

Le Célébrant.

De-us in adju-to-ri-um me-um

in-ten-de.

Le Chœur.

Domi-ne ad ad-juvandum me fes-

A la troisieme fois, il chante tout ce mot à la dominante :

-ti-na. fes-ti-na.

Et tout de suite.
Glori- a Patri, &c. à l'uni-son.

jusqu'à
sæculorum. A-men.

Le Canon se chante comme une Leçon; mais le Chœur chante, à la fin, le *Deo gratias*, comme il suit:

De- o grati- as.

Aux autres petites Heures, & à Complies, le *Deus in adjutorium*, &c. se chante comme à Matines. Le *Dominus vobiscum*, l'Oraison, & le *Benedicamus Domino*, se chantent comme à Prime, Domine, Deus, &c.

A VÊPRES.

Le *Deus in adjutorium*, &c. comme à Matines. Les *Benedicamus* selon le temps & les Fêtes.

A COMPLIES.

Le *Céléb*. *Converte nos*, &c. se chante comme le *Domine, labia*, &c. pour commencer Matines. Le *Deus in adjutorium*, le *Gloria Patri*, &c. *ibidem*.

Les Prieres (si on les doit dire), les versets, l'oraison & le *Benedicamus*, se chantent, comme à Prime. Sur la note finale du *Deo gratias*, le Célébrant dit : *Benedicat & custodiat*, en tombant à la tierce.

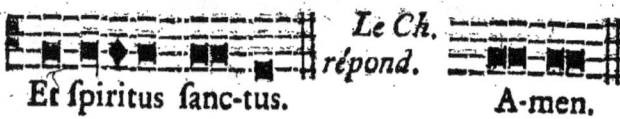

Et spiritus sanc-tus.   Le Ch. répond.   A-men.

Au petit Office de la Sainte Vierge, & à l'Office des Morts, les versets & les Oraisons se chantent comme aux petites Heures.

Aux Saluts, les versets se terminent en tombant à la tierce. Les premieres Oraisons se terminent en tombant à la quinte, sans conclusion ; mais la derniere se termine en tombant à la tierce, ainsi que sa conclusion.

À LA MESSE.

Chant de l'Epître.

Il faut observer six choses, 1°. le texte ; 2°. la virgule, où il faut faire une légere pause désignée, comme aux Leçons, par une petite barre ; 3°. le point seul ; 4°. les deux points ; 5°. le point interrogant ; 6°. la conclusion.

Exemples.

Lecti-o E-pis-tolæ be-a-ti Pauli Apos-toli, ad

1. Du texte.

184 NOUVELLE MÉTHODE

syllabes.   5 syllabes.   4

Hæ-bre-os ; ad Co-rinthi-os. ; ad Tes-salo-

syllabes.   4 syllabes.

ni-cen-ses. Lec-ti-o Actu-um Apos-to-lo-rum.

5 syllabes.   6 syllabes.

I-sa-i- æ Pro-phetæ. Jo-annis A-postoli.

2. De la virgule.

nox præcessit, di-es au-tem , &c.

3. Du point seul.
Au point seul qui finit la période, on doit élever la voix d'un ton avec liaison, sur la quatrieme syllabe qui le précede; quelquefois sur la cinquieme pour ne pas l'élever sur la derniere syllabe d'un mot; quelquefois sur la sixieme ; quelquefois même sur la septieme, lorsque les deux derniers mots de la période renferment chacun une syllabe breve.

4 syllabes.   5 sylla-

est verbum quod au-dis-tis.   lu-men jam

bes.   6 syllabes.   7 syllabes.

lu-cet.   fe-cit & sæ-cu-la.   di-cit Do-mi-nus omnipotens.

POUR LE PLAIN-CHANT. 185

om-ni-po-tens

4 syllabes.

cla-ma-vit voce ma-gnâ, di-cens:

4. Aux deux points.

5 syllabes   6 sylla-

non sunt co-inquina-ti : non est inventus similis

bes.   7 syllabes.

il-li: si-cut quidam e-xis-ti-mant:

An æ-mu-la-mur Do-mi-num ? Quid di-cam

5. Au point interrogant, sans monosyllabe, ou sans nom indéclinable.

vo-bis ? Quid er-go ?
Avec un nom indéclinable, & avec un monosyllabe:

quæ conventi-o Christi ad Be-li-al ? Laudo

vos ?

A a

186   NOUVELLE MÉTHODE

6. A la conclusion.

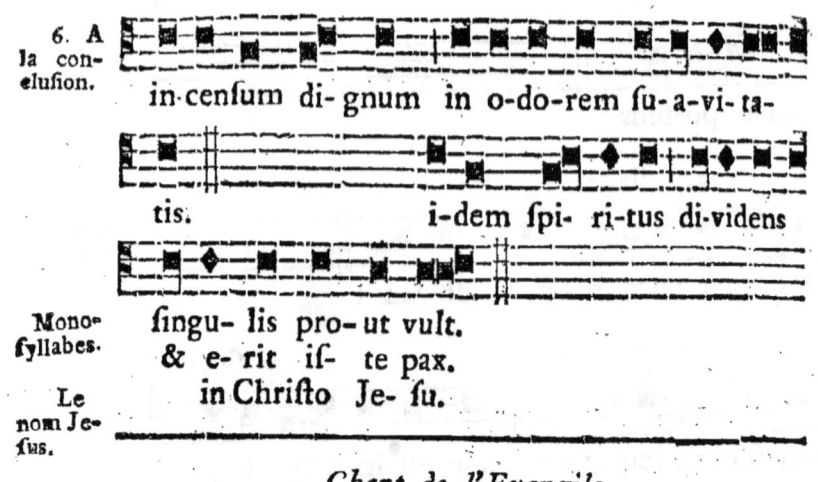

in censum dignum in odorem suavitatis.
i-dem spiritus dividens

Monosyllabes.
singulis prout vult.
& erit iste pax.

Le nom Jesus.
in Christo Jesu.

Chant de l'Evangile.

L'Evangile se chante comme l'Epître ; mais au point seul, on soutient sa voix, en posant sur la pénultieme, ou sur l'antépénultieme, si la période finit par un mot de trois syllabes.

2 syllabes.

regnum cœ-lo-rum.

3 syllabes.

ut vi-gi-let.

Mais, si la période finit par un nom indéclinable, ou par un monosyllabe, on la termine ainsi :

Nom indéclinable.

ge-nu-it Bo-os de Ra-hab.
Et De-um Ja-cob.
Di-xit e-is Je-sus.

Monofyllabe.
reverte-tur ad vos.
ven-turus fit.

Ici auroit fini ce Livre; mais le Lecteur ne sera pas fâché de trouver cette partie très-intéressante de l'admirable paraphrase du Statut de *Cîteaux*, sur la maniere de s'acquitter dignement du tribut de louanges publiques dû à la Majesté suprême, donnée par saint Bernard, mise en vers latins par le célebre Santeul, Chanoine-Régulier de Saint-Victor, & dont voici le commencement avant la traduction françoise de M. Germain Dupuis, Chanoine de Saint-Jacques-l'Hôpital, à Paris.

Alterno jessæa Choro quæ carmina psallis,
Æternasque, Gens nata, Deo persolvere laudes,
Hìc, tibi servandas quas scripsimus, accipe leges:
Qui formavit, habet, quibus audiat; & Deus aures.
Maxima debetur sacris reverentia. Templis
Hæc habitat Deus, & præsenti numine replet.
Hujus ad aspectum puræ sine corpore mentes,
Terrificæ trepidant crebra inter fulgura lucis, &c. &c.

Peuple, né pour remplir les fonctions des Anges,
Qui chantez à deux Chœurs les divines louanges;
Pour vous bien acquitter de cet heureux emploi,
Ecoutez mes avis; qu'ils vous servent de loi.
Ministres du Très-Haut, puissiez-vous bien comprendre,
Que *Dieu* qui fit l'oreille, en a pour vous entendre.
C'est dans ces Temples saints qu'habite le *Seigneur*;
N'y paroissez jamais que saisis de frayeur.

Voulant fléchir du Ciel la justice irritée,
Fuyez ces airs mondains d'une tête éventée.
. . . .

A retenir vos sens dans la captivité,
Vous ne sauriez avoir trop de sevérité.

Soyez si composés, qu'en vous voyant l'on sente,
Du *Dieu* que vous servez la majesté présente.

Gardez-vous de tomber dans le confus murmure
D'un Chant précipité, sans ordre & sans mesure.
Par une ferme foi, pesez & respectez,
Jusques aux moindres mots, que *Dieu* même a dictés.

Le Chant, par quelque pause, a dû se mesurer :
Ce repos fait trouver le temps de respirer :
Et le cœur peut goûter ces vérités sacrées,
Qu'avec différents tons, la bouche a proférées.
Observez donc toujours les pauses qu'on prescrit,
Pour soulager le corps, & pour nourrir l'esprit.
Mais aussi gardez-vous d'une maniere lente ;
Ne défigurez pas, par une voix traînante,
Un air gai dont le mode est plein de mouvement.
De la beauté des sons craignez l'enchantement.
Ne vous arrêtez pas à cette foible écorce :
Il faut peser des mots, & le sens, & la force.
Par des faux tons l'oreille est aisée à blesser :
N'allez pas, par vos cris, vous faire remarquer.

La grimace en chantant est toujours indécente.
Sans rien articuler en vain l'un se tourmente,
A chanter du gosier & trop violemment.
C'est delà que nous vient ce grand mugissement,
Dont les Temples sacrés quelquefois retentissent :
DIEU ne s'appaise point par des voix qui glapissent.

Que l'union des voix marque celles des ames !
Que les cœurs bien unis brûlent de mêmes flammes !
Chaque lieu différent à son rit à garder :
Aux usages reçus on doit s'accommoder.

Elevez-vous au Ciel ! que par de saints efforts,
Votre esprit dégagé des liens de son corps,
Ose se transporter jusques dans l'empirée ;
Qu'il parcoure, à loisir, la divine Cité :
Qu'admirant de ces lieux l'immuable beauté,

Il se joigne aux concerts des troupes angéliques,
Qui s'occupent sans cesse à de sacrés Cantiques.
Là cette auguste Cour, en s'anéantissant,
Appelle, trois fois Saint, le GRAND DIEU Tout-puissant.
Avec elle en tout temps que votre cœur l'adore !
Plein de ces sentiments, quoique mortel encore,
Vous serez Citoyen du bienheureux séjour;
Et vous commencerez, tout embrasé d'amour,
A chanter les grandeurs de cet Être adorable,
Pour jouir à jamais de ce bien ineffable.
Quel plaisir pur & saint, quel excès de douceur,
Viendront, comme un torrent, inonder votre cœur !

Heureux qui suit ces loix, & qui, dès cette vie,
S'efforce d'imiter la céleste Patrie.

MESSE

POUR L'ENTRÉE DE LA RÉCOLTE.

Introït O-cu-li om-ni-um in te spe- rant, Do- mi-ne; & tu das es- cam il- lo- rum in tem-pore op-por-tu- no. ℣. Aperis tu ma-num tu- am:

MESSE POUR L'ENTRÉE

℟. Et im-ples omne a-ni-mal bene-dic-ti-o-ne. ℣. Glori-a Patri, &c. ℟. Si-cut e-rat in, &c. sæ-cu-lo-rum. A-men.

On répete l'intonation de l'Introït.

Graduel. Ve-ni-ent, & lauda-bunt in mon-te Si-on : & con-flu-ent ad bo-na Do-mi-ni, su-per fru-men-to, & vi-no. ℣. Ve-ni-en-tes ve-ni-ent, cum e-xul-ta-ti-o-ne, por-tan-tes ma-ni-pu-los

DE LA RÉCOLTE. 191

fu- os. Al- le- lu- ia.
ij. ℣. Nunquid non mes-
sis tri- ti- ci est ho- di- è ? in-vo-ca-
bo Do-
mi-num.

On répete *Alleluia*, avec son neume.

Offertoire. Fe- re- tis ma-ni-pu-
los spi- ca- rum, pri-mi- ti- as
mes- sis ves- træ ad Sa-cer-do- tem,

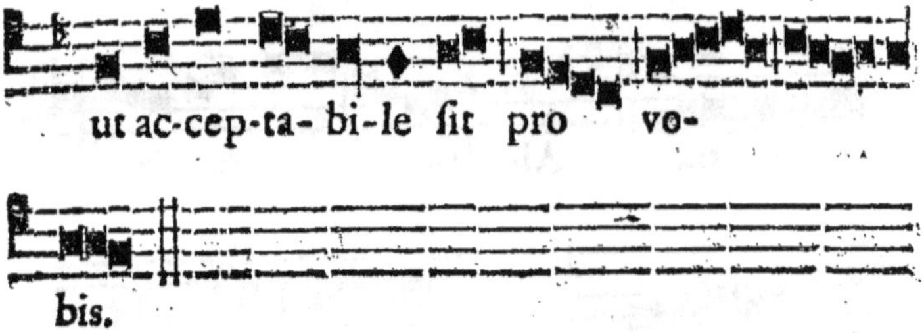

192 MESSE POUR L'ENTRÉE, &c.

ut ac-cep-ta-bi-le fit pro vo-

bis.

Communion. Co-me-de- tis vef-cen-tes,

& fa-tu-ra-bi-mi-ni; & lau-da- bi-tis

no-men Do-mi-ni De- i vef-tri, qui fe-

cit mi-ra-bi- li- a vo-bif- cum.

PLENI

PLENI SUNT

de la Messe de M. Dumont.

Chant trop simple pour les Fêtes solemnelles.

Le-ni sunt cœ-li & ter-ra glo-ri-â tu- â : ho-sanna in ex-cel- sis.

Même Chant ; mais orné.

Ple- ni sunt cœ- li & ter- ra , glo- ri- â tu- â : ho-san-na in excel- sis.

Le Benedictus.

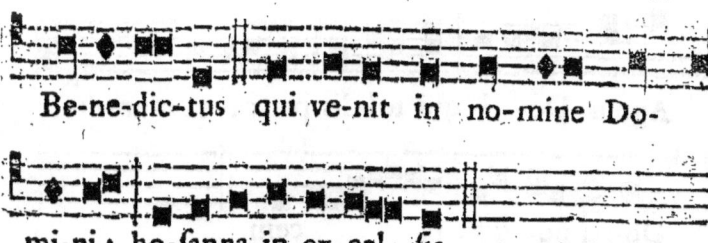

Be-ne-dic-tus qui ve-nit in no-mine Do-mi-ni : ho-sanna in ex-cel- sis.

B b

194 *Benedictus & Agnus de M. Dumont.*

Même chant orné.

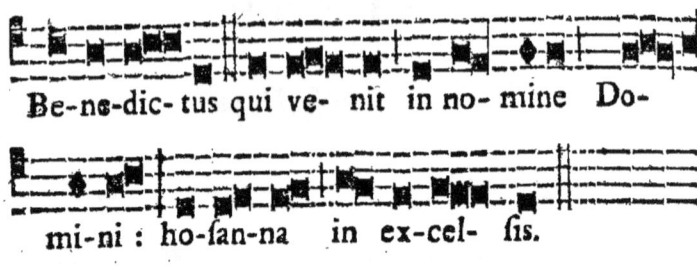

Be-ne-dic-tus qui ve- nit in no- mine Do- mi-ni : ho-san-na in ex-cel- sis.

Si M. Dumont eût imité le chant de son *Kyrie* dans son *Agnus*, il eût fait un chant digne d'une Fête solemnelle.

A-gnus De- i qui tol- lis pec-ca-ta mun-di ; mi-se-re- re no- bis.

A-gnus De- i qui tol- lis pec-ca- ta mun-di ; mi-se-re- re no- bis.

Agnus De- i qui tol- lis pec-ca- ta mun-di ; Do-na no- bis, pa- cem.

CREDO pour les Fêtes triples de premiere Classe.

Credo in u- num De- um, Patrem om- ni- po-ten-tem, facto-rem Cœ- li, & ter- ræ ; vi-fibi-li-um omni-um, & in-vi- fi- bi- li- um. Et in unum Domi-num Je- fum Chrif-tum , Fi-li-um De- i u-nige-ni- tum. Et ex Pa-tre na- tum, an-te omni-a fæ- cu- la. De-um de De- o, lu- men de lu- mi-ne, De- um ve-rum, de De- o ve-

196 *Credo pour les Fêtes triples*

ro. Ge-ni-tum, non fac-tum, confubstantia-

lem Pa-tri, Per quem om-ni-a fac- ta

funt. Qui prop-ter nos ho- mines, & propter

nof-tram fa-lu-tem def-cen- dit de cœ-

gravement.
lis. Et in-carnatus eft de Spi-ri-tu Sancto,

ex Ma-ri-â Vir-gi-ne; Et Ho- mo fac-

tus eft. Cru-ci- fi-xus e-ti-am pro no-bis

fub Pon-ti-o Pi- la-to; paffus, & fepul- tus

eft. Et re-furre-xit ter-ti-â di e fecundùm

de premiere Classe. 197

scrip-tu-ras. Et as-cen-dit in Cœ-lum, sedet

ad dexteram Pa- tris. Et i-te-rum ventu-

rus est cum glo- ri- â ju-di-ca-re vi-vos, &

mor-tu- os ; cujus re-gni non erit fi- nis.

Et in Spi-ri-tum sanc-tum Do-mi-num , &

vi-vi- fi-can-tem ; qui ex Pa-tre , Fi-li-oque

pro-ce-dit. Qui cum Patre, & Fi- li-o ,

simul a-do-ra-tur, & conglo-ri-fi-ca-tur ;

qui lo-cu-tus est per Prophe-tas. Et u-

nam, sanctam, catho-li-cam, & a-posto- li-

198   *Credo pour les Fêtes triples*

cam Ec- cle- si- am. Con- fi- te- or u- num
baptisma in remis- si- o- nem pecca- to-
rum. Et expecto resur- recti- o- nem mor-
tu- o- rum. Et vi- tam ventu- ri sæ- cu- li.
A- men.

CREDO pour les Fêtes triples de seconde Classe.

Credo in u- num De- um,
Patrem omni- po- ten- tem, Factorem cœ- li
& ter- ræ ; vi- sibi- li- um om- ni- um & in- vi-

200   *Credo pour des Fêtes triples*

gravement.

dit de cœ- lis. Et in-car-na-tus est de

Spi-ri-tu-Sanc-to, ex Ma-ri-â Virgi-ne;

Et ho- mo fac- tus est. Cru-ci- fi-xus e-

ti-am pro no-bis sub Ponti- o Pi-la- to;

passus, & sepul- tus est. Et resurre-xit terti-â

di-e se-cundum scrip-tu- ras. Et ascen-

dit in cœ-lum, sedet ad dexte-ram Pa-

tris. Et i-terum ventu- rus est cum glo-

ri-a judica-re vi-vos & mor-tu-os cu-jus

regni

Credo pour les Fêtes triples, &c.

Et exspecto re-sur-recti-onem mortu-o-rum. Et vi-tam venturi sæculi. A- men.

CREDO pour la Fête du saint Sacrement.

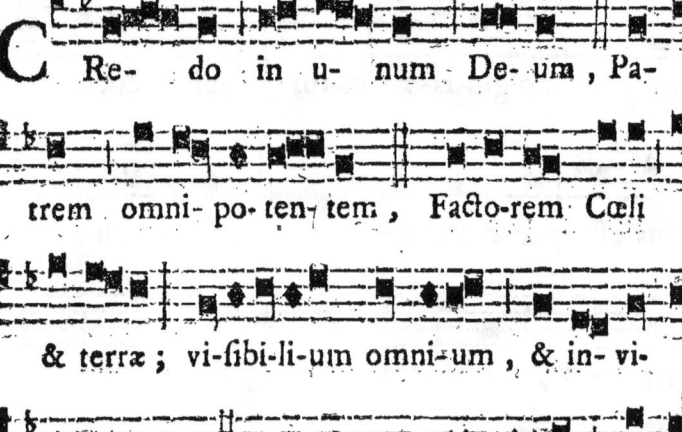
CRe- do in u- num De- um, Pa-trem omni- po-ten-tem, Facto-rem Cœli & terræ; vi-sibi-li-um omni-um, & in-vi-

si-bi-li-um. Et in unum Do-minum, Je-

sum Christum Fili-um De- i u-ni-geni-

du saint Sacrement.

Patre, Fi-li-o-que pro- ce- dit. Qui cum

Patre & Fi- li-o, si-mul a- do-ra- tur, &

conglori-fica- tur; qui locutus est per Pro-

phe- tas. Et u-nam, sanctam, catho-li-cam,

& apos-to-li-cam Eccle- si-am. Confite-

or u-num baptis- ma in remissi-o-nem

pecca-to-rum. Et expec-to re-surrecti-o-

nem mortu-o- rum. Et vi- tam ventu-ri

sæ- cu-li.

A- men.

MESSE

POUR LA FÊTE DES ROIS.

Le Kyrie est de Saint Grégoire-le-Grand.

Kyrie, eleison. iij.

Christe, eleison. iij.

Kyrie, eleison. iij.

Gloria in excelsis Deo,

pour la Fête des Rois. 207

pour la Fête des Rois. 209

pour la Fête des Rois.

se-cun-dùm scriptu- ras. Et af-cendit in cœ- lum fe-det, ad dex-te-ram Pa- tris. Et ite-rum ventu- rus est cum glo-ri-â ju-dica- re vi-vos, & mor- tu-os; cu- jus regni non e- rit fi- nis. Et in Spi- ri-tum fanc-tum Do-mi-num, & vi- vi-fi-can-tem; qui ex Pa-tre, Fi-li-o-que pro-ce- dit. Qui cum Pa-tre, & Fi-li-o, fi-mul a-do- ra-tur, & conglorifica-tur; qui lo-cu-tus est per Pro-phe-tas. Et u-nam, fanctam, ca-

Dd 2

tho- licam, & a-posto-licam Eccle- si-am.

Confi- te- or unum baptif-ma in re- mif- fi- o-

nem pecca-to- rum. Et ex-pecto refurrec-

ti- o- nem mortu o- rum. Et vi- tam

ven-tu- ri fæ- cu- li. A- men.

Sanc- tus, Sanc- tus, Sanc- tus, Domi-

nus, De- us, fa- baoth. Pleni funt,

cœ- li, & ter- ra glori-â tu- â:

ho- fan- na in ex- cel- fis.

Be-ne- dic-tus qui ve- nit in no- mine

pour la Fête des Rois. 213

Do- mini ; ho- san- na in ex-cel- sis.

A- gnus De- i, qui tol- lis pecca- ta mundi ; mi-se- re- re no- bis.

A-gnus De- i, qui tol- lis pecca- ta mun-di ; mi-se-re- re no- bis.

A- gnus De- i, qui tol- lis pecca- ta mun- di ; do- na no-bis pa- cem.

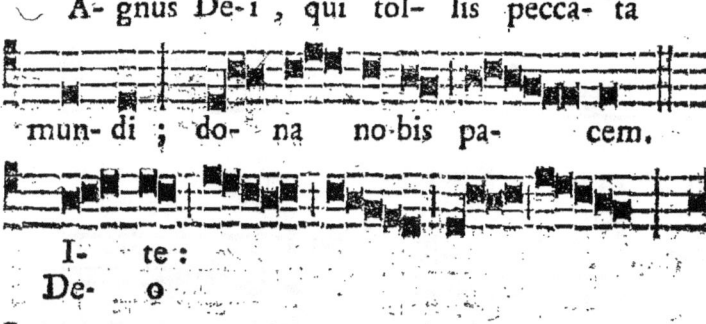

I- te :
De-
Mis- sa est.
gra- ti- as.

FIN.

ERRATA.

Page 10, ligne 2, nous l'entendons; *lisez* : nous l'entendrons.

Page 15, ligne 23, commuuiqua, *lisez* : communiqua.

Page 18, fin de l'apostille (1), qu'il ; *lisez* : qui.

Page 35, à droite du cinquieme exemple de l'échelle d'*Arétin*, après les mots en descendant, ajouter le *si*, qui est, &c.

Page 44, fin de la premiere ligne, ou ; *lisez* : au.

Page 45, Fausse quinte ou quinte diminuée ; *lisez* de suite, au-dessus de la portée : fausse quinte, ou quinte diminuée.

Derniere modulation de l'Exemple :

Page 46, premiere portée, seconde modulation,

Fin de la même portée, le guidon mal placé :

mettez-le au mi.

Page 47, premiere note de la premiere portée :

solfiez

Troisieme portée, il faut deux grandes barres, pour séparer les intervalles des sixiemes d'avec celles des octaves.

sixiemes.   octaves.

Page 50, ligne 18, après le mot qu'imparfaitement :

ajoutez : le chant.

Page 56, à la tête de l'octave d'ut, le 5 & le 8 sont mal placés.

le 8 à l'*ut*.
le 5 au *sol*.

Page 57, à la fin du *nota*, 4°. le dessus.

4°. le *mi* dessus.

Page 60, un dieze semble oublié à la tête de la derniere portée... S'il est marqué, article nul.

Page 78, au milieu de la page, on n'entend que souvent,   *lisez* :

On n'entend que trop souvent

316

Page 92,
5ᵉ portée,

e- ri- gens pau- perem ,

il faut
chanter :

e- ri-gens pau- perem.

Page 93,
2ᵉ portée :

ti- men- ti- bus se ,

il faut
chanter :

ti- men- ti- bus se.

Pag. 96, 5 portée, *chantez ainsi :*

Dominus memor, &c.   Dominus memor, &c.

Page 97, prem. portée,   *chantez ainsi :*

Qui fa- cit hæc ;   Qui fa- cit hæc.

Pag. 101, sur la 5 portée,   mettre Term. 5 syllabes.

Pag. 102, vers la fin, sive-,   *lisez :* si verè, &c.

Page 105, 2 portée,

Bea- tus vir, &c.   Be- a- tus vir, &c.

Page

Page 107, 2 portée,

mi-sera-tor & justus.

Chantez :

mi-sera-tor & justus.

Même page, sur la 3 portée, *mettre*   Term. 5 syllabes.

Page 119, 4 portée, petite barre pour la médiante :

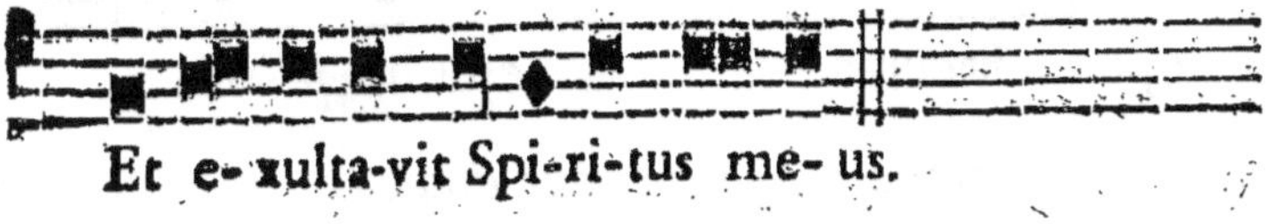

Et e-xulta-vit Spi-ri-tus me-us.

Chantez :

Et e-xulta-vit Spi-ri-tus me-us;

Page 120, 2 portée, petite barre oubliée pour la médiante :

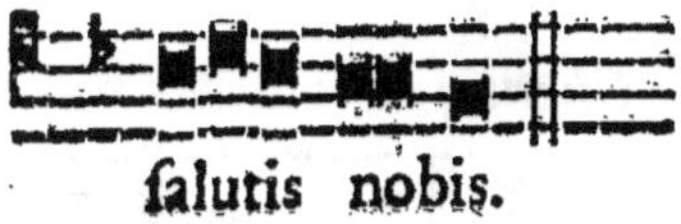

salutis nobis.

Chantez :

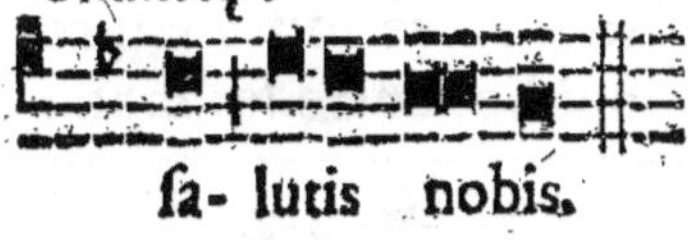

sa-lutis nobis.

Page 121, 5 portée, une petite barre pour la médiante.

Et exultavit spi-ritus me-us;

E e

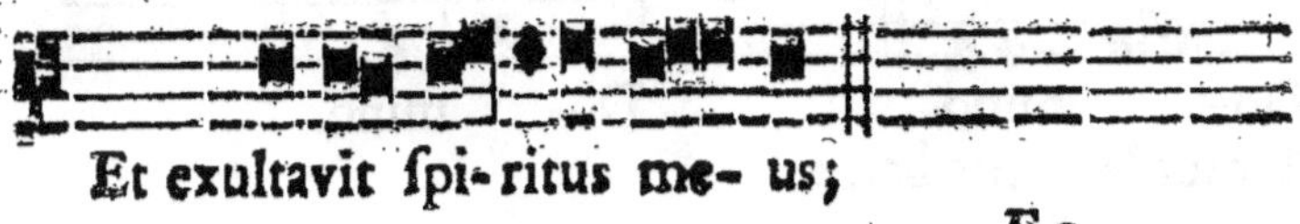

218

Chantez :

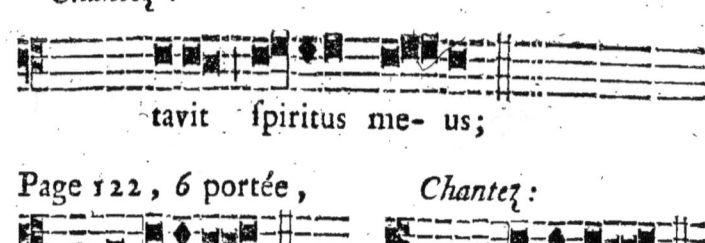
-tavit spiritus me- us;

Page 122, 6 portée,   *Chantez :*

Magni- fi-cat;   Magni- fi- cat;

Page 126, 3 portée,   *Chantez :*

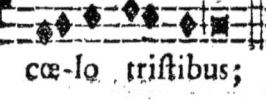
ejus in sæ- cula.   ejus in sæ-cula.

Page 132, ligne 1, supprimer *douteux*.

Page 138, vers la fin de la page, après l'article d'autres reposent, &c. la portée de notes dessous doit être sous la troisieme portée de la page 136.

Page 153, fin de la page, & de la premiere ligne du texte ou principe de saint Grégoire, de qui; *lisez* qui de

Page 162, 2 portée, petite barre ou mesure oubliée entre les mots: *Chantez :*

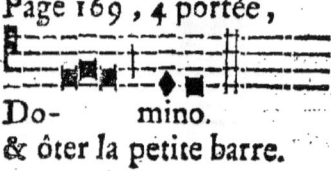
cœ-lo tristibus;   cœ-lo tris-ti-bus;

Page 169, 4 portée,   *Chantez :*

Do- mino.   Do- mino.
& ôter la petite barre.

Page 178, 4 portée.

per-fi-ci-ant.

Chantez:

per-fi-ci-ant.

Page 182, 3 portée, derniere note double inutile,

De-o grati-as.

Chantez:

De-o grati-as.

Page 185, fur la 2 portée, 4 syllabes; *lisez* 5 syllabes.

TABLE.

Avertissement, page iij
Instruction sur le Chant, ou Histoire du Chant, 1

PREMIERE PARTIE.

Nouvelle Méthode pour le Plain-Chant, 23
Des périélezes, ou premiers accords dans le Chant, 24
Gammes des Grecs & des Latins, pages 26 & 27
Gammes de saint Grégoire, pages 28 & 29
De l'Echelle de Gui Arétin, page ibidem & suiv.

DEUXIEME PARTIE.

Nom du Plain-Chant, 37
Des Clefs, ibid.
Du nom des Notes, de la Gamme de Gui Arétin; de la forme & de la valeur des notes, pages 39 & 40
Du b mol, du dieze & du béquarre, 41 & 42
Du Ton & du Demi-Ton, des Secondes, Tierces, Quartes, Quintes, &c. pages 43, 44, 45 & 46
Des Intervalles, 47
Savoir bien solfier, & joindre les mots aux notes, pages 48, 49 & 50
Actes des Conciles qui ordonnent d'apprendre à bien chanter, 51
Des Pauses du Chant, 52
Des Notes essentielles à chaque Octave, 53
Des Leçons pour apprendre à chanter, 54 & suiv.
Des Barres pour l'exécution du Chant, 62
Du Guidon, de l'Etoile & de la Croix, pages 65 & 66
Du mode majeur & du mode mineur, ainsi que des tons réguliers, ibid.
Des Chants mixtes, & de leurs exemples, 67
Des tons authentiques & de leurs plagaux, 69
D'où les tons authentiques prennent leurs noms, ibidem.
Sentiment de Gui Arétin, sur la diversité des tons & sur la composition, &c. 70
De la maniere d'accorder un clavessin, 71

TROISIEME PARTIE.

Du Chant du Diocese de Rouen, & de la maniere de le bien conduire, 73
De la Psalmodie, 74
De l'Intonation des premiers versets des Pseaumes, 75
Des dominantes & des finales des tons, ibidem.
Des lettres qui indiquent les différentes terminaisons, 76
Principes ou Regles pour la parfaite exécution du Chant de la Psalmodie, 77
Formules pour le Chant des Pseaumes, selon tous les tons, 79 & suiv.
Formules pour le Chant des trois Cantiques Benedictus, Magnificat & Nunc dimittis, 119 & suiv.
De l'Uni-son à garder dans le Chant, 133
Ne point reposer au milieu d'un membre de période, & ne point séparer l'adjectif de son substantif, lorsqu'ils se rencontrent, p. 134 & 135

TABLE.

Du Faux-Bourdon,	139
Des Neumes,	pages 150 & 151
Des Hymnes du Chant Grégorien,	153
Maniere de bien exécuter les Hymnes du Chant Ambrosien,	156
De la mesure à observer, soit à deux, soit à trois temps,	157
Maniere de battre ou marquer les mesures,	159
Des Hymnes du Chant Ambrosien,	160
Des élisions,	164
Ne point enter deux mots l'un sur l'autre ; ne point reposer dans le cours d'un mot, & ne point respirer dans le passage d'une syllabe à une autre.	ibidem.
Du Chant des versets après les Hymnes, & au commencement de Matines,	166
Des *Benedicamus*	168
Des autres versets, *Domine, labia mea aperies*, &c.	171
Des Absolutions & des Bénédictions,	173
De la maniere de chanter les Leçons, &c. &c.	174
De l'office de Prime,	179
De la maniere de chanter l'Epître & l'Evangile,	pages 183 & 186
Du Statut de l'ordre de Citeaux sur l'ordre à observer, &c. en chantant au Chœur,	pages 187 & 188
Messe pour l'entrée de la Récolte,	189
Pleni sunt de la Messe de M. Dumont,	193
Credo pour les Fêtes de premiere Classe,	195
Credo pour les Fêtes de seconde Classe,	198
Credo pour la Fête du Saint Sacrement,	202
Messe pour la Fête des Rois,	206

Fin de la Table.

APPROBATION

De M. l'Abbé TERRISSE, *Docteur de la Maison & Société de Sorbonne, Abbé de Saint-Victor en Caux, Chanoine & Haut Doyen de l'Eglise Métropolitaine de Rouen, Vicaire-Général de Son Eminence Monseigneur le Cardinal* DE LA ROCHEFOUCAULT *Archevêque de Rouen.*

ON ne peut douter qu'une sage & mélodieuse harmonie dans le Chant de l'Eglise, ne contribue beaucoup à la décence & à la majesté du Culte divin, ainsi qu'à l'édification des Fideles qui assistent aux divins Offices. Les regles proposées par l'Auteur de cet Ouvrage, ont mérité l'approbation des personnes très-versées dans la science du Chant : & il est fort à desirer qu'elles soient exactement observées par tous les Ecclésiastiques qui sont consacrés, par leur état & par leurs places, à chanter les louanges du Seigneur, dans ses saints Temples.

A Rouen, ce 3 de Novembre 1781.

TERRISSE.

PRIVILÉGE GÉNÉRAL.

LOUIS, par la grace de Dieu, Roi de France & de Navarre : A nos amés & féaux Conseillers, les Gens tenants nos Cours de Parlement, Maîtres des Requêtes ordinaires de notre Hôtel, Grand Conseil, Prévôt de Paris, Baillifs, Sénéchaux, leurs Lieutenants Civils & autres nos Justiciers qu'il appartiendra : SALUT. Notre amé le Sieur POISSON, Curé de Bocherville, nous a fait exposer qu'il désireroit faire imprimer & donner au Public un Ouvrage de sa composition intitulé : *Nouvelle Méthode pour apprendre le Plain-Chant*, imprimé par ordre de M. le Cardinal de la Rochefoucault, Archevêque de Rouen, spécialement à l'usage de son Diocese, s'il nous plaisoit lui accorder nos Lettres de Privilége pour ce nécessaires. A ces causes, voulant favorablement traiter l'Exposant, nous lui avons permis & permettons par ces présentes, de faire imprimer ledit Ouvrage autant de fois que bon lui semblera, & de le vendre, faire vendre, & débiter par-tout notre Royaume; voulons qu'il jouisse de l'effet du présent Privilége, pour lui & ses hoirs, à perpétuité, pourvu qu'il ne le rétrocede à personne; & si cependant il jugeoit à propos d'en faire une Cession, l'acte qui la contiendra sera enregistré en la Chambre Syndicale de Paris, à peine de nullité, tant du Privilége que de la Cession; & alors, par le fait de la Cession enregistrée, la durée du présent Privilége, sera réduite à celle de la vie de l'Exposant, ou à celle de dix années, à compter de ce jour, si l'Exposant décede avant l'expiration desdites dix années; le tout conformément aux articles IV & V de l'Arrêt du Conseil du 30 Août 1777, portant Réglement sur la durée des Priviléges en Librairie. FAISONS défenses à tous Imprimeurs, Libraires & autres personnes de quelque qualité & condition qu'elles soient, d'en introduire d'impression étrangere dans aucun lieu de notre obéissance; comme aussi d'imprimer ou faire imprimer, vendre, faire vendre, débiter, ni contrefaire ledit Ouvrage, sous quelque prétexte que ce puisse être, sans la permission expresse & par écrit dudit Exposant, ou de celui qui le représentera, à peine de saisie & de confiscation des exemplaires contrefaits, de six mille livres d'amende qui ne pourra être modérée pour la premiere fois, de pareille amende & de déchéance d'état en cas de récidive, & de tous dépens, dommages & intérêts, conformément à l'Arrêt du Conseil du 30 Août 1777, concernant les contrefaçons : A LA CHARGE que ces Présentes seront enregistrées tout au long sur le Registre de la Communauté des Imprimeurs & Libraires de Paris, dans trois mois de la date d'icelles; que l'impression dudit Ouvrage sera faite dans notre Royaume & non ailleurs, en beau papier & beaux caracteres, conformément aux Réglements de la Librairie, à peine de déchéance du présent Privilége; qu'avant de l'exposer en vente, le manuscrit qui aura servi de copie à l'impression dudit Ouvrage, sera remis dans le même état où l'Approbation y aura été donnée, ès mains de notre très-cher & féal Chevalier Garde des Sceaux de France le Sieur DE LAMOIGNON ; Commandeur de nos Ordres; qu'il en sera ensuite remis deux exemplaires dans notre Bibliotheque publique, un dans celle de notre Château du Louvre, un dans celle de notre très-cher & féal Chevalier Chancelier de France le Sieur DE MAUPEOU, & un

dans

dans celle dudit Sieur DE LAMOIGNON; le tout à peine de nullité des Présentes : DU CONTENU desquelles vous MANDONS & enjoignons de faire jouir ledit Exposant & ses hoirs pleinement & paisiblement, sans souffrir qu'il leur soit fait aucun trouble ou empêchement. VOULONS que la copie des Présentes, qui sera imprimée tout au long, au commencement ou à la fin dudit Ouvrage, soit tenue pour duement signifiée, & qu'aux copies collationnées par l'un de nos amés & féaux Conseillers-Secrétaires, foi soit ajoutée comme à l'original. COMMANDONS au premier notre Huissier ou Sergent sur ce requis, de faire pour l'exécution d'icelles, tous actes requis & nécessaires, sans demander autre permission, & nonobstant clameur de Haro, Charte normande, & Lettres à ce contraires : car tel est notre plaisir. Donné à Versailles, le deuxieme jour du mois de Juillet, l'an de grace mil sept cent quatre-vingt-huit, & de notre regne le quinzieme.

PAR LE ROI EN SON CONSEIL,

LE BEGUE, *avec grille & paraphe.*

Regisré sur le Regisre XXIII de la Chambre royale & syndicale des Libraires & Imprimeurs de Paris, numéro 1649, folio 595, conformément aux dispositions énoncées dans le présent Privilége; à la charge de remettre à ladite Chambre les neuf exemplaires prescrits par l'Arrêt du Conseil du 16 Avril 1785. A Paris, le 15 Juillet 1788.

Signé, KNAPEN, Syndic.

Regisré sur le Regisre de la Chambre syndicale des Imprimeurs-Libraires de Rouen, numéro 286, folios 56, 57, 58, le 7 Octobre 1788.

Signé, LE BOULLENGER, Syndic.

METHOD

IN

PLAIN-

CHANT

www.ingramcontent.com/pod-product-compliance
Lightning Source LLC
Chambersburg PA
CBHW071931160426
43198CB00011B/1351